Friedrich Quack

NEUERE HÖCHSTRICHTERLICHE RECHTSPRECHUNG
ZUM PRIVATEN BAURECHT
1986 - 1990

NEUERE HÖCHSTRICHTERLICHE RECHTSPRECHUNG
ZUM PRIVATEN BAURECHT 1986 - 1990

von

Richter am BGH Friedrich Quack, Karlsruhe

R W S - Skript 209

 Verlag Kommunikationsforum GmbH
Recht Wirtschaft Steuern · Köln

CIP-Titelaufnahme der Deutschen Bibliothek

Quack, Friedrich:
Neuere höchstrichterliche Rechtsprechung zum privaten
Baurecht 1986 - 1990 / von Friedrich Quack - Köln: Verl.
Verl. Kommunikationsforum Recht, Wirtschaft, Steuern, 1990
 (RWS-Skript ; 209)
 ISBN 3-8145-0209-4
NE : GT

(C) 1990 Verlag Kommunikationsforum GmbH
Recht Wirtschaft Steuern, Postfach 27 01 25, 5000 Köln 1

Druck und Verarbeitung: Hundt Druck GmbH, Köln

Vorwort

Das hier vorgelegte Skript berücksichtigt aktuelle
Rechtsprechung des Bundesgerichtshofs zum privaten Baurecht aus den letzten Jahren (etwa sei 1986). Dabei ist
aktuell weniger als zeitliches sondern als sachliches
Kriterium zu verstehen. Aktuell ist, was über die Zu-
fälle der Einzelentscheidung hinausweist und was noch
nicht als Standard der Vertrags- und Rechtsprechungs-
praxis angesehen werden kann. Aktuell kann aber durchaus auch im Sinne der praktischen Bedeutung verstanden
werden. Das heißt vor allem, es sind - vorzugsweise
Fragestellungen angesprochen, die in der Spruch- und
Annahmepraxis des VII. Zivilsenats häufiger vorkommen.
Dabei müssen auch die Nichtannahmebeschlüsse einbezogen
werden, die einen wesentlichen Teil der Entscheidungen
ausmachen.

Einen recht erheblichen Teil der Rechtsprechung macht
die Inhaltskontrolle nach AGBG aus. Das ist nicht weiter verwunderlich, da die Vertragspraxis im Bauwesen
weithin durch Vertragsmuster bestimmt wird.

Für die Praxis des privaten Baurechts ist in erster Linie die Rechtsprechung des VII. Zivilsenats des Bundesgerichtshofs bedeutsam. Es verkürzt aber die Sicht,
wenn man sie allein berücksichtigt. Grundsätze des
AGB-Rechts, etwa das Verbot der geltungserhaltenden Reduktion und die dafür geltenden Modifikationen sind von
vielen Senaten des BGH entwickelt worden. Bei den Glo-
balzessionen zeichnet sich eine Entwicklung ab, die für
die Finanzierungsmöglichkeiten von Bauunternehmen eine
erhebliche Bedeutung gewinnen könnte. Was hier schließlich über die Produkthaftung des Bauunternehmers dargestellt wird, könnte die Qualitätsstandards am Bau
durchaus verändern.

An diesen Beispielen lassen sich auch allgemein die Auswahlkriterien für das vorliegende Skript verdeutlichen. So ist hier die geltungserhaltende Reduktion, weil inzwischen Standard, nicht dargestellt. Fragen der Globalzession sind dagegen in den wesentlichen neuen Linien skizziert, weil veränderte Wertungen der Rechtsprechung hier für die Vertrags- und Prozeßpraxis der nächsten Jahre auch im Baubereich höchst aktuell werden könnten.

INHALTSVERZEICHNIS

Teil I: Vertragsschluß, Vertragsinhalt,
Vertragsabwicklung

1.   Gemischte Verträge am Bau

"Gemischte Verträge" wird hier anders verwendet als in
der herkömmlichen Schuldrechtsdogmatik. Die Rechtsfolgen sind allerdings ähnlich wie bei dieser zu sehen.

a)   Terminologie

1 Gemischt im Sinne der hier und der Sache nach vom VII.
Zivilsenat verwendeten Begriffsbildung ist ein Vertrag bereits dann, wenn er neben "Bauleistungen" im
Sinne der VOB/A auch andere Leistungen des Unternehmers regelt, mögen diese weiteren Leistungen auch -
und das ist eine der wesentlichen Besonderheiten -
Werksleistungen im Sinne des besonderen Schuldrechts
des BGB sein.

Die Figur wurde vom VII. Zivilsenat unter anderem entwickelt anhand der

-       VOB-Gewährleistung (geregelte/nicht geregelte
        Fälle)

-       VOB-Verjährung

-       VOB "als Ganzes" also zu der nur bei "isolier-
        ter" Vereinbarung möglichen Inhaltskontrolle
        von § 13 VOB/B.

Sie ist aber durchaus erweiterungsfähig, etwa zum Ausschluß von VOB-Regelungen, die - mehr oder minder

streng genommen - für Bauleistungen nicht passen, wie Mehr/Minderleistungen, Nachforderungen, Einheitspreise, Aufmaß; es gibt da auch einige weitere kritische Punkte und etliche gewichtige Unsicherheiten.

2   Die Figur ist vor allem zur - auch zur ergänzenden - Vertragsauslegung geeignet, weil sie die Zuordnung von vertraglichen Aufgabenbereichen zu typischen Vertragspflichten (etwa denen des Architekten oder des Statikers) erlaubt, natürlich auch den Zugriff auf die Entscheidungen, die diesen Pflichtenkreis regeln.

Bisher wenig geklärt ist die Abgrenzungsfrage zwischen verkehrstypischen Nebenleistungen, die dem Hauptvertrag folgen, und Zusatzleistungen, die selbständig zu beurteilen sind. Die Entscheidung Rz. 3 gibt dazu jedoch einige Hinweise.

b)   Generalunternehmervertrag

3   Ein Generalunternehmervertrag kann, je nach Ausgestaltung, neben Elementen aus dem Bereich des Bauvertragsrechts auch solche der Geschäftsbesorgung und anderer Vertragstypen des besonderen Schuldrechts enthalten. Von besonderer Bedeutung sind dabei Architekten-, Ingenieur- und Statikerleistungen. Diese sind zwar im Grundtypus werkvertraglicher Natur, doch unterscheiden sie sich im Rechts- und Pflichtenkreis derart von Bauleistungen i.S.d. § 1 Nr. 1 VOB/A, daß sie unabhängig von bauvertraglichen Verpflichtungen und Berechtigungen qualifiziert werden müssen. Es ist dies der Kern der Entscheidung

BGH, Urt. v. 17.9.1987
  - VII ZR 166/86, BauR 1987, 702
  = ZfBR 1988, 33 = BGHZ 101, 369
  = NJW 1988, 142 = MDR 1988, 222
  = Betrieb 1988, 41 = WM 1988, 58
  = SFH § 13 Nr. 4 VOB/B (1973) Nr. 14
  = DNotZ 1988, 301.

4 Die Bedeutung dieser Entscheidung geht einiges über
die konkret entschiedene Frage, nämlich die Nicht-An-
wendbarkeit der VOB/B auf die Elemente der Leistungs-
verpflichtung, die sich nicht als Bauleistungen oder
unselbständige, allein bauvorbereitende Hilfsleistun-
gen darstellen. Die Argumentation ist ähnlich, wie bei
der Rechtsprechung zur Rechtsnatur des Bauträgervertrags (vgl. Rz. 5). Man wird als Konsequenz dieser
Rechtsprechung ansehen müssen, daß nicht nur die konkret entschiedene Verjährungsfrage (§ 13 VOB/B) sondern die jeweiligen Rechts- und Pflichtenkreise insgesamt sich nach den betreffenden Leistungselementen zu
richten haben.

Die konkrete, auf den entschiedenen Fall bezogene Aus-
sage der Entscheidung lautet: Beim Generalunternehmervertrag betrifft die als Ganzes uneingeschränkt für
den Vertrag vereinbarte VOB/B nur die Bauleistungen
nicht aber die daneben übernommenen Architekten- und
Ingenieurleistungen,

BGH, Urt. v. 17.9.1987
  - VII ZR 166/86, aaO (Rz. 3).

c)   <u>Bauträgervertrag</u>

aa)   <u>Rechtsnatur</u>

5 Eine zusammenfassende Darstellung der Rechtsnatur des Bauträgervertrags und der sich daraus ergebenden Folgerungen enthält die Entscheidung

> BGH, Urt. v. 21.11.1985
> - VII ZR 366/83, ZfBR 1986, 19
> = BauR 1986, 208 = BGHZ 96, 275
> = NJW 1986, 925 = JZ 1986, 339
> = BB 1986, 838= Betrieb 1986, 534
> = WM 1986, 232 = SFH § 649 BGB Nr. 10
> = DNotZ 1986, 280.

Danach handelt es sich beim Bauträgervertrag um einen einheitlichen Vertrag gemischten Typs, also nicht um ein Bündel von mehreren Einzelverträgen;

> BGH, Urt. v. 5.4.1979
> - VII ZR 308/77, BauR 1979, 337
> = ZfBR 1979, 151 = BGHZ 74, 204
> = NJW 1979, 1406, 1802
> (dazu Brambring und Schippel),
> 1802 (Anm. Peters) = MDR 1979, 749
> = JR 1979, 501 (Anm. Liesegang)
> = JZ 1979, 501 (Anm. Stürner)
> = DNotZ 1979, 741 (Anm. Thomas)
> = BB 1979, 1319 = Betrieb 1979, 1651
> = WM 1979, 781.

6 Dieser einheitliche Vertrag enthält Elemente des Werkvertragsrechts sowie des Werklieferungsvertrags, daneben (z.B. beim Grundstückserwerb) des Kaufvertrags sowie, je nach Gestaltung der Vertragsbeziehungen, Bestandteile aus dem Auftrags- und Geschäftsbesorgungsrecht;

BGH, Urt. v. 12.7.1984
- VII ZR 268/83, BauR 1984, 634
= ZfBR 1984, 220 = BGHZ 92, 123
= NJW 1984, 2573 = MDR 1985, 41
= JZ 1985, 135 (Anm. Locher)
= BB 1984, 1830 = Betrieb 1984, 2552
= WM 1984, 1337 = ZIP 1984, 1355
= SFH § 633 BGB Nr. 45.

bb)   Kündigung

7 Die freie Kündigung des § 649 Abs. 2 BGB paßt nicht
zum Bauträgervertrag, sie steht nämlich dazu in Wider-
spruch, daß der Vertrag nach den Vorstellungen der Beteiligten grundsätzlich einheitlich abgewickelt werden
soll;

BGH, Urt. v. 24.11.1984
- VII ZR 34/83, BauR 1984, 173
= NJW 1984, 869 = Betrieb 1984, 451
= WM 1984, 140 = SFH § 326 BGB Nr. 6;

BGH, Urt. v. 21.11.1985
- VII ZR 366/83, aaO (Rz. 5).

Der letztgenannten Entscheidung lag ein Fall zugrunde,
bei dem der Erwerber das Grundstück behalten und durch
Kündigung von den Verpflichtungen aus der Bauerrich-
tung freikommen wollte.

Zu beachten ist andererseits, daß die Unkündbarkeit,
wie sie bei reinen Liefer- und Austauschverträgen
selbstverständlich gegeben ist, dem Charakter des Ge-
samtvertrags auch nicht gerecht würde. Der Bauträgervertrag ist daher aus wichtigem Grund kündbar;

BGH, Urt. v. 21.11.1985
- VII ZR 366/83, aaO (Rz. 5).

cc)   Anwendung von Werkvertragsrecht

8   Nach dem Recht des Werkvertrags zu beurteilen sind die
    Ansprüche auf mangelfreie Errichtung des Bauwerks ein-
    schließlich sämtlicher Hilfsansprüche (Nachbesserung,
    Ersatzvornahme, Vorschuß usw.) sowie auch die Verjäh-
    rung des - gesamten - Vergütungsanspruchs;

>   BGH, Urt. v. 12.10.1978
>   - VII ZR 288/77, BauR 1979, 59
>   = ZfBR 1979, 26 = BGHZ 72, 229
>   = NJW 1979, 156 = MDR 1979, 219
>   = JZ 1979, 30 = BB 1978, 1692
>   = Betrieb 1979, 88 = WM 1978, 1351;
>
>   BGH, Urt. v. 5.4.1979
>   - VII ZR 308/77, aaO (Rz. 5);
>
>   BGH, Urt. v. 12.7.1978
>   - VII ZR 159/78, BauR 1979, 523
>   = NJW 1979, 2193 = BB 1979, 1474
>   = Betrieb 1979, 2224 = WM 1979, 1121
>   = SFH § 196 Abs. 1 Nr. 1 BGB Nr. 4;
>
>   BGH, Urt. v. 9.10.1980
>   - VII ZR 65/80, BauR 1981, 24
>   = ZfBR 1981, 14 = NJW 1981, 274
>   = BB 1980, 1770 = Betrieb 1981, 212
>   = WM 1980, 1391 = MDR 1981, 219
>   = DNotZ 1981, 375;
>
>   BGH, Urt. v. 12.3.1981
>   - VII ZR 117/80, BauR 1981, 91
>   = ZfBR 1981, 166 = NJW 1981, 1665
>   = WM 1981, 588 = Betrieb 1981, 2071
>   = SFH § 196 Abs. 1 Nr. 7 BGB Nr. 2.

dd)   Einzelfragen der jeweils anzuwendenden
        Bestimmungen

9   Bei der Anwendung von Einzelbestimmungen des besonde-
    ren Schuldrechts ist immer zweierlei zu prüfen, näm-
    lich einmal, welchem Element des Vertrags (Kauf, Werk-
    vertrag, Geschäftsbesorgung usw.) der betreffende

Rechts- und Pflichtenkreis zuzuordnen ist, und ob
die sich daraus ergebende gesetzliche Regelung, soweit
sie abdingbar ist, in den Gesamtzweck des Vertrags
paßt.

Ähnlich wie dispositive Vorschriften des besonderen
Schuldrechts dürfte die Anwendbarkeit der - insgesamt
- vereinbarten VOB/B zu beurteilen sein, so daß auch
bei uneingeschränkter Vereinbarung der VOB/B die
Zuordnung zur Bauerrichtungsverpflichtung und die
Einordnung in den Gesamtzweck des Vertrags zu prüfen
wäre; vgl. hierzu die Hinweise

> BGH, Urt. v. 4.11.1982
> - VII ZR 53/82, ZfBR 1983, 17
> = BauR 1983, 84 = NJW 1983, 453
> (Anm. Weitnauer) = MDR 1983, 391
> (Anm. Schmidt: 705) = Betrieb 1983, 444
> = DNotZ 1984, 99 = WM 1983, 68
> = SFH § 21 WEG Nr. 6
>
> sowie jetzt auch
> BGH, Urt. v. 17.9.1987
> - VII ZR 166/86, aaO (Rz. 3).

Eher verdeckt steht das auch in der Entscheidung vom
24.11.1988 - VII ZR 222/87 (Rz. 76).

2.   Verschulden bei Vertragsschluß und
      Sachmängelhaftung

10 Grundsätzlich gibt es bei Sachmängeln keine Ansprüche
   aus Verschulden bei Vertragsschluß (c.i.c.). Das ist
   Standard und nicht sonderlich bemerkenswert. Im Einzel-
   fall kann freilich eine nachteilige Beschaffenheit des
   Werks nicht unter den Mangelbegriff fallen, dann natürlich ist auch die Möglichkeit von Ansprüchen aus

c.i.c. nicht ausgeschlossen, etwa wegen verletzter Aufklärungspflichten hinsichtlich dieser Nachteile.

Einzelheiten hierzu enthält die Entscheidung

BGH, Urt. v. 8.12.1988
- VII ZR 83/88, BauR 1989, 216
= ZfBR 1989, 97 = NJW 1989, 1793
= MDR 1989, 441 = MDR 1989, 416
= JZ 1989, 569 = Betrieb 1989, 1400.

Die Entscheidung ist bemerkenswert vor allem wegen der Umstände, deretwegen nach Auffassung des BGH eine plan- und vertragswidrige Beschaffenheit der veräußerten Eigentumswohnung kein Sachmangel war. Veräußert war eine Einzimmerwohnung, die nach den ursprünglichen Plänen eine vom - einzigen - Fenster aus nicht sichtbare Wendeltreppe an der Außenwand (baurechtlich zwingend erforderliche Feuerleiter) aufweisen sollte. Die Baubehörde hatte darauf bestanden, daß die Feuerleiter vor dem - einzigen! - Fenster vorbeigeführt werde, und zwar als gerade Treppe; anders wäre die Herstellung einer abgeschlossenen Wohnung nicht erreichbar gewesen. Deshalb, so das Argument des BGH, beschränkt die Leiter nicht die vertragsgemäße Nutzung, sie ermöglicht sie überhaupt erst und kann deshalb auch kein Mangel sein.

Weil es aber um c.i.c. und nicht um Gewährleistung ging, hatte die Erwerberin die in solchen Fällen üblichen Ansprüche auf Ersatz des Vertrauensschadens (Lösung vom Vertrag und Erstattung nutzloser Aufwendungen oder - wenn sie am Vertrag festhalten wollte - auf Herabsetzung des vereinbarten Preises, ohne daß der Veräußerer einwenden kann, zu einem geringeren Preis hätte er nicht abgeschlossen).

3.   Vertrauensschaden bei Ausschreibungsmängeln
      (VOB/A - c.i.c.)

11 Die öffentliche Ausschreibung begründet einen vertrag-
    lichen Kontakt, aus dem sich Schadensersatzansprüche
    auf Ersatz des Vertrauensschadens ergeben können. So-
    weit ist die Sache klar und keineswegs sonderlich pro-
    blematisch. Trotzdem ergeben sich beim Ausschreibungs-
    verfahren spezifische Schwierigkeiten, die vor allem
    begründet sind in

    -         der Unbestimmtheit der Annehmbarkeit eines An-
              gebotes

    -         aus der Verknüpfung zwischen Verfahrensverstoß
              und Schaden

              und

    -         aus der Art des Verstoßes allgemein.

12 Große Zurückhaltung übt der BGH, wenn es darum gehen
    soll, mit Vertrauensschaden Nachforderungen zu begrün-
    den,

              BGH, Urt. v. 25.2.1988
              - VII ZR 310/86, BauR 1988, 338
              = ZfBR 1988, 182 = WM 1988, 789
              = Betrieb 1988, 1796
              = SFH § 9 VOB/A (1973) Nr. 1;

              ähnlich BGH, Urt. v. 25.6.1987
              - VII ZR 107/86, BauR 1987, 683
              = ZfBR 1987, 237 = Betrieb 1987, 2404
              = WM 1987, 1432 = NJW-RR 1987, 1306
              = SFH § 2 Nr. 5 VOB/B (1973) Nr. 4.

13 Weit bessere Chancen hat ein Bieter, der aus mehr oder
    weniger formalen Gründen nicht zum Zug gekommen ist.

In dem der Entscheidung

       BGH, Urt. v. 29.3.1990
       - VII ZR 240/88
       - zur Veröffentlichung bestimmt,
       noch nicht veröffentlicht -

zugrundeliegenden Fall, war der - nach Sachlage u.U. an sich wohl annehmbarste, jedenfalls billigste - Bieter deshalb nicht zum Zug gekommen, weil er einen "Lehrlingsaufschlag",

       vgl. dazu Strohs, BauR 1988, 144,

hatte hinnehmen müssen. Die Besonderheit des Falles war, daß der Bieter durchaus auch einen Lehrlingsbetrieb hatte, nur hatte er vergessen, die betreffende Spalte auszufüllen. Daß er die betreffenden Erklärungen und Nachweise auf Rückfrage im Eröffnungstermin nachgeholt hat, hat ihm dann nichts geholfen.

14   Der BGH hat das nicht so formal gesehen und die Sache zur Prüfung möglicher Schadensersatzansprüche an das OLG zurückgegeben.

Die dafür maßgeblichen Gesichtspunkte waren folgende:

-     keine mögliche Interessenkollision mit den Mitbietern
-     eindeutiges Versehen
-     Nebenfrage
-     kein Bezug zu fachbezogenen Fragen des Angebots
-     kein Bezug zur Kalkulation
-     keine Manipulationsmöglichkeit.

4. Hinweispflichten

15 Mit den Hinweispflichten geht der BGH schon im Ansatz sehr weit. Die gewählten Formulierungen lassen erkennen, daß bereits der leicht fahrlässig versäumte Hinweis pflichtwidrig ist.

16 Das gilt auch, was offenbar wegen Autoritätsverhältnissen vor Ort oder auch wegen falsch verstandener Loyalität immer wieder falsch gemacht wird, gegenüber ausdrücklichen Anweisungen des Architekten. Wenn der Architekt oder der Statiker uneinsichtig sind, muß der Bauunternehmer den Bauherrn selbst hinweisen. Das ist ständige Rechtsprechung und ständige Annahmepraxis. M.a.W. § 4 Nr. 3 VOB/B verpflichtet den Auftragnehmer, die Interessen des Auftraggebers gerade auch gegen den Architekten wahrzunehmen. Wegen der grundlegenden Entscheidungen vgl.

> BGH, Urt. v. 29.9.1977
> - VII ZR 143/75, BauR 1978, 54;
>
> BGH, Urt. v. 10.11.1977
> - VII ZR 252/75, BauR 1978, 139
> = WM 1978, 218.

Das hat natürlich seinen guten Sinn, denn der Architekt kann durchaus daran interessiert sein, seine Fehler mit wohltätigem Beton zuzudecken.

17 Anhaltspunkte für einen Maßstab, an dem sich die Hinweispflichten zu orientieren haben, ergeben sich aus der Entscheidung

> BGH, Urt. v. 19.1.1989
> - VII ZR 87/88, BauR 1989, 958
> = ZfBR 1989, 164 = MDR 1989 730
> = Betrieb 1989, 206 = WM 1989, 958
> = NJW-RR 1989, 721.

Danach ist Maßstab u.a. der vom Auftragnehmer geschuldete Erfolg. Daß der von ihm geschuldete Erfolg auf die
geplante oder vom Architekten nachträglich vorgesehene
Weise nicht zu erreichen ist, wird der Auftragnehmer
praktisch immer erkennen müssen. Dieser Erfolg ist
schließlich ein wesentlicher Inhalt seiner Leistung.
Wenn er das nicht erkennt, wird er sich praktisch immer
dem Vorwurf der Nachlässigkeit aussetzen. Ein deshalb
versäumter Hinweis ist dann natürlich auch pflichtwidrig.

5.   Nachforderungen/Erschwernisse

a)   Grundsätzliches

18   Obwohl die Frage in der Praxis erhebliche Bedeutung ha-
     ben dürfte, sind die Entscheidungen des BGH zu diesem
     Fragenkreis recht spärlich. Das liegt vor allem daran,
     daß in diesem Problemkreis kaum Wertungsunterschiede
     zwischen dem BGH und den Oberlandesgerichten bestehen.
     Deshalb sind die verhältnismäßig häufigen Revisionen
     zu diesem Fragenkreis in der Regel nicht annahmewürdig.

     Die Tendenz der Rechtsprechung des BGH wie auch der
     Oberlandesgerichte ist durch eine deutliche Zurückhal-
     tung gegenüber Nachforderungen geprägt. Diese ist auch
     durchaus sachgerecht, entspricht sie doch dem Grund-
     satz, daß - auch lästige - Verträge zu erfüllen sind.
     Die Möglichkeit zu Nachforderungen setzt erst da ein,
     wo ein gut organisiertes und mit sorgfältig arbeiten-
     dem und sachkundigem Personal ausgestattetes Unterneh-
     men bei gewissenhafter Prüfung die Mehrforderungen
     nicht hätte voraussehen können. Das definiert, entge-
     gen zahlreichen, das Gegenteil vertretenden Revisio-

nen, exakt den normalen Rahmen des individuellen Vertragsrisikos.

b)   Unvollständige Unterlagen

19   Wer auf erkennbar unvollständige Ausschreibungsunterlagen, Leistungsverzeichnisse usw. zumutbare Rückfragen und Hinweise unterläßt, kann hinsichtlich der durch die gebotene Rückfrage aufklärbaren Posten Mehrforderungen nicht geltend machen.

BGH, Urt. v. 9.12.1974
- VII ZR 158/72, WM 1975, 233, 234;

vgl. auch BGH NJW 1966, 498 und

BGH, Urt. v. 20.3.1969
- VII ZR 29/67.

c)   Zurechnungsfragen

20   Es genügt nicht, daß etwa die mit der Kalkulation befaßten Bediensteten die Erschwernisse oder den Schwierigkeitsgrad einer Beauausführung nicht erkennen konnten. Abzustellen ist vielmehr darauf, was das Bauunternehmen als Organisation erkannt hat, hätte erkennen müssen oder hätte erkennen können, es ist m.a.W. ein objektiver und auf das Unternehmen als Ganzes bezogener Maßstab anzulegen.

BGH, Urt. v. 25.6.1987
- VII ZR 107/86, ZfBR 1987, 283
= BauR 1987, 683 = Betrieb 1987, 2404
= WM 1987, 1432 = NJW-RR 1987, 1306.

Gleiches muß natürlich auch für die Frage von Unvoll-
ständigkeiten des Leistungsverzeichnisses oder sonsti-
ger Ausschreibungsunterlagen gelten.

d)   Sorgfaltsmaßstab

21 Zur Entscheidung der Frage, ob erkennbare Unvollstän-
digkeiten oder Unklarheiten bestanden, ist, was häufig übersehen wird, nicht auf "Normal-", Durchschnitts-
oder sonstige Routineauswertung der Ausschreibungs-
oder Kalkulationsgrundlagen abzustellen, vielmehr auf
eine konkrete und individuelle Würdigung der Bedingungen des einzelnen Bauwerks.

> BGH, Urt. v. 25.6.1987
> - VII ZR 107/86, ZfBR 1987, 283
> = BauR 1987, 683 = Betrieb 1987, 2404
> = WM 1987, 1432 = NJW-RR 1987, 1306.

22 Ähnlich darf der Bauunternehmer erkennbare Unklarheiten der Bauausführung oder Baugestaltung nicht ohne
Rückfrage und Aufklärung in einem bestimmten (für ihn
günstigen) Sinne zum Gegenstand seiner Kalkulation machen. Hat er sich dabei infolgedessen vertan, muß er
das Risiko einer aufwendigeren als der von ihm kalku-
lierten Ausführung tragen.

> BGH, Urt. v. 13.10.1977
> - VII ZR 300/75, BauR 1979, 154;
>
> BGH, Urt. v. 9.2.1978
> - VII ZR 122/77, BauR 1978, 657
> = BB 1978, 577 = WM 1978, 580.

In solchen Fällen ist es, auch bei Ausschreibungen
nach Maßgabe der VOB/A nichts mit Nachforderungen aufgrund enttäuschten Vertrauens (c.i.c.),

BGH, Urt. v. 25.2.1988
- VII ZR 310/86, aaO (Rz. 12).

6.   Schlußrechnung/Schlußzahlung

a)   Schlußrechnung bei Pauschalvertrag

23 Daß auch beim Pauschalvertrag nach VOB/B die - prüfbare - Schlußrechnung Voraussetzung für die Fälligkeit
der Werklohnforderung ist, entspricht ganz herrschen-
der Meinung und ist jetzt auch höchstrichterlich in
diesem Sinne geklärt;

BGH, Urt. v. 20.10.1988
- VII ZR 302/87, BGHZ 105, 209
= NJW 1989, 836 = BauR 1989, 87
= ZfBR 1989, 55 = MDR 1989, 246
= BB 1989, 22 = Betrieb 1989, 104
= WM 1989, 350.

Die Anwendbarkeit der Regelung für den Pauschalvertrag
gilt nicht nur für die Rechnungsstellung sondern auch
für die sonstigen Wirkungen des Schlußzahlungsverfah-
rens, insbesondere für die Berechtigung des Auftragnehmers, die Schlußrechnung zu prüfen.

b)   Bindung an die Schlußrechnung

24 Der Architekt ist an seine Schlußrechnung weitgehend
gebunden in dem Sinne, daß er mit Nachforderungen ausgeschlossen ist, wenn er bei entsprechender Prüfung
die betreffenden Posten auch schon bei Rechnungsstellung hätte berücksichtigen können. Die Rechnungsstellung ist also beim Architekten in dem Sinne konstitu-
tiv, daß die Berechnungsgrundlagen, wie sie sich bei

sorgfältiger Rechnungsstellung hätte ermitteln lassen,
mit der Schlußrechnung erfaßt bzw. präkludiert sind;

> BGH, Urt. v. 7.3.1974
> - VII ZR 35/73, BGHZ 62, 208
> = NJW 1974, 945 = BauR 1974, 213
> = BB 1974, 530 = WM 1974, 457
> = Betrieb 1974, 870;
>
> BGH, Urt. v. 13.10.1977
> - VII ZR 262/75, NJW 1978, 319
> = WM 1977, 1356 = BauR 1978, 64
> = BB 1978, 130 = MDR 1978, 220;
>
> BGH, Urt. v. 6.5.1985
> - VII ZR 320/84, BauR 1985, 582
> = ZfBR 1985, 222.

25 Dagegen ist die Schlußrechnung nach VOB/B schon nach
dem Wortlaut der Bestimmungen nicht unabänderlich,
denn sonst wäre der Ausschluß von Nachforderungen
durch unterlassenen oder nicht begründeten Vorbehalt
gar nicht regelungsbedürftig. Die Schlußrechnung ist
vielmehr lediglich die Einleitung eines vertraglichen
Abwicklungsverfahrens, an dessen Schluß (Ablauf der
Vorbehalts- bzw. der Begründungsfrist) die Feststel-
lung der Forderung steht. Das ist in der Entscheidung
des VII. Zivilsenats vom 17.12.1987 klargestellt.

> BGH, Urt. v. 17.12.1987
> - VII ZR 16/87, BGHZ 102, 384
> = NJW 1988, 910 = Betrieb 1988, 440
> = WM 1988, 506 = BauR 1988, 217
> = ZfBR 1988, 120
> = SFH § 16 Nr. 3 VOB/B (1973) Nr. 45.

Die Entscheidung gibt auch Aufschluß darüber, wann ausnahmsweise eine Bindung auch für den VOB-Vertrag infrage kommt, und darüber, was nicht ausreicht, um bereits
Bindung anzunehmen. Nicht ausreichend ist vor allem
die positive Kenntnis des Auftragnehmers von möglichen
Mehrforderungen. Ebenfalls nicht ausreichend die ein-

verständliche Abgleichung von Posten, die dann der
Schlußrechnung zugrunde gelegt werden. Eine Bindung an
die Schlußrechnung ist für den VOB-Vertrag vielmehr
nur dann anzunehmen, wenn die Voraussetzungen eines
Verzichts i.S.d. § 398 BGB, d.h. die Voraussetzungen
einer rechtsgeschäftlichen Aufgabe der Forderung vorliegen. Die können zwar auch durch schlüssiges Verhal-
ten erfüllt werden, doch ist das praktisch selten und
im Zweifel nicht anzunehmen.

c)   Schlußzahlungsverfahren

26   Wenn er will, kann der Auftraggeber das Schlußzahlungsverfahren - vor allem in der Form der Verweigerung
weiterer Zahlungen - auch dann in Gang setzen, wenn
die Schlußrechnung nicht prüfbar ist und wenn das Bauvorhaben auch noch gar nicht abgenommen ist. Er kann
damit den Auftragnehmer in eine taktisch recht mißli-
che Lage bringen.

Im einzelnen ist folgendes zu beachten:

Hat der Auftraggeber die Schlußrechnung tatsächlich ge-
prüft, so sind seine Chancen, mit Erfolg die fehlende
Prüfbarkeit einzuwenden, nicht sonderlich gut (ständige Annahmepraxis), m.a.W. die tatsächlich durchgeführ-
te Prüfung der Rechnung indiziert die Prüfbarkeit,
auch wenn nachher irgendwelche Sachverständige nach
meist schwer durchschaubaren Kriterien die Prüfbarkeit
verneinen.

27   Der Auftraggeber kann auch - ohne Prüfung weil er z.B.
meint, ohnehin schon viel zu viel gezahlt zu haben,
auf eine nicht prüfbare Schlußrechnung das Schlußzahlungsverfahren in Gang setzen, das heißt Schlußzahlung

leisten oder - was in dieser Situation die Regel sein wird - mit Rücksicht auf geleistete Zahlungen und die sich daraus ergebene Erfüllung die Zahlung verweigern,

> BGH, Urt. v. 22.1.1987
> - VII ZR 96/85, ZfBR 1987, 146
> = BauR 1987, 329 = MDR 1987, 663
> = Betrieb 1987, 1348 = WM 1987, 762
> = NJW 1987, 2582
> = SFH § 16 Nr. 3 VOB/B (1973) Nr. 41.

Das bringt den Auftragnehmer, der eine nicht prüfbare Schlußrechnung vorgelegt hat, in erheblichen Zeitdruck. Denn er darf sich zwar - soweit das zur Begründung ausreicht - zur Begründung seines Vorbehalts gegen die Schlußzahlung bzw. die Zahlungsverweigerung auf die prüfbare Schlußrechnung beziehen (st. Rechtsprechung, vgl.)

> BGH, Urt. v. 20.5.1985
> - VII ZR 324/83, BauR 1985, 576
> = ZfBR 1985, 216 = WM 1985, 1077
> = Betrieb 1985, 2143
> = SFH § 16 Nr. 3 VOB/B (1973) Nr. 37.

Eine nicht prüfbare Schlußrechnung reicht dazu aber nicht aus, so daß der Auftragnehmer, will er nicht mit seinen Forderungen ausgeschlossen sein, innerhalb der Begründungsfrist des § 16 VOB/V für den Vorbehalt die prüfbare Rechnung nachschieben muß

> BGH, Urt. v. 22.1.1987
> - VII ZR 96/86, aaO (Rz. 27).

28 Daß nach Kündigung regelmäßig keine Abschlagszahlungen mehr verlangt werden können, ist ständige und auch neuerlich wieder bestätigte Rechtsprechung des VII. Zivilsenats. Das wird damit begründet, daß der Zweck von Abschlagszahlungen, nämlich einen angemessenen Ausgleich

gegenüber der Vorleistungspflicht des Unternehmers her-
zustellen, mit der Kündigung weggefallen ist, weil der
Unternehmer von da an zumutbar endgültig abrechnen
kann. Immer noch offen ist, ob, wie das in der Litera-
tur vertreten wird, ein "unstreitiges Guthaben" vorweg
und alsbald, also vor Aufstellung und Prüfung der
Schlußrechnung, als Abschlag verlangt werden kann.

>BGH, Urt. v. 21.5.1985
>- VII ZR 160/84, NJW 1985, 1840
>= MDR 1985, 750 = JZ 1985, 638
>= Betrieb 1985, 1988 = WM 1985, 779
>= BauR 1985, 456 = ZfBR 1985, 174
>
>und BGH, Urt. v. 26.2.1987
>- VII ZR 217/85, ZfBR 1987, 200
>= BauR 1987, 453
>= SFH § 16 Nr. 1 VOB (1973) Nr. 5.

Die praktische Bedeutung der offenen Streitfrage des
unstreitigen Guthabens dürfte eher gering sein, weil
der Auftraggeber ein wirklich unstreitiges Guthaben
auch bezahlen wird, ein nichtbezahltes also in aller
Regel ein irgendwie streitiges Guthaben sein wird.

Teil II: AGBG

1. Übersicht

29 Schon das einfache Auszählen der Entscheidungen, ob sie nämlich auf § 9 oder auf §§ 10 f beruhen, zeigt, daß die Vertragspraxis die explizit verbotenen Klauseln zunehmend meidet (im RWS-Skript 33, 1986, waren sie bedeutend häufiger als im vorliegenden). Das bedeutet im Ergebnis, daß sich AGBG-Fragen auch zunehmend von der Subsumtion unter einen Verbotstatbestand zu einer Wertung der Angemessenheit allgemein hin verlagern. Außerdem geht es, nach meinem Eindruck, zunehmend mehr um Grenzfälle, bei denen eine andere Wertung nicht unbedingt unvertretbar erscheint. Wenn man so will, hat sich das AGBG auf dem Markt der Vertragsgestaltungen durch vorbeugende Wirkung weitgehend selbst, wo nicht eigentlich überflüssig gemacht so doch in die Rolle einer Ausnahme- und Grenzregelung gebracht. Das ist natürlich nicht etwa negativ zu sehen, vielmehr für die allgemeine Vertragsgerechtigkeit ein überzeugend positives Ergebnis.

30 Versucht man die Tendenzen der Rechtsprechung des VII. Zivilsenats zu analysieren, so sind diese wie folgt zu kennzeichnen: Der Einschränkung von Schutzbestimmungen wird mit großer Zurückhaltung begegnet, materielle Vorschriften werden gegenüber eher formellen durchgesetzt (z.B.: Gewährleistung gegenüber Verjährung, Erfüllung gegenüber Ausschluß). Das paßt durchaus in den sonstigen Stil der Rechtsprechung und ist, gerade für den Bauvertrag, den tatsächlichen Verhältnissen wohl auch durchaus angemessen.

2.   "Aushandeln"

31   Instruktive auf den Baubereich bezogene Ausführungen
     zu der Frage, wann die Einzelpunkte eines zur Verhand-
     lung mitgebrachten Formularvertrags "ausgehandelt"
     und damit keine Allgemeinen Geschäftsbedingungen sind,
     enthält die Entscheidung

          BGH, Urt. v. 9.10.1986
          - VII ZR 245/85, JZ 1987, 159
          = WM 1987, 42 = ZIP 1986, 1466
          = BauR 1987, 113 = ZfBR 1987, 40
          = BB 1987, 784 = Betrieb 1987, 933
          = SFH § 1 AGBG Nr. 3.

     Die Entscheidung zeigt, daß, wenn den Verhandlungen
     überhaupt einmal erst AGB zugrunde gelegt werden, es
     schon sehr untypisch zugehen muß, damit dann trotzdem
     Bestimmungen des Formulars als "ausgehandelt" zu wer-
     ten sind. Einen solchen untypischen Ablauf muß man
     dann im Streitfall mit Zeugen glaubwürdig beweisen.
     Und das ist ziemlich aussichtslos.

3.   VOB/B allgemein

a)   VOB/B als AGB

32   Die VOB enthält Allgemeine Geschäftsbedingungen im Sin-
     ne des AGBG. Daß sie in einem Individualvertrag in Be-
     zug genommen ist, macht die in Bezug genommene VOB-Be-
     stimmung nicht selbst zur Individualvereinbarung.

          BGH, Urt. v. 7.5.1987
          - VII ZR 129/86, BauR 1987, 438
          = ZfBR 1987, 199 = NJW 1987, 2373
          = JZ 1987, 887 = Betrieb 1987, 1988
          = DNotZ 1987, 864.

b)   VOB/B insgesamt oder "isoliert"

33   Vereinbaren die Beteiligten die VOB/B insgesamt und un-
     ter Übernahme ihres "Normgefüges", d.h. ohne wesentli-
     che Abstriche in zusätzlichen individuellen oder allge-
     meinen vertraglichen Vereinbarungen, dann enthält sich
     der BGH einer Inhaltskontrolle nach AGBG (§ 9 u.a.).

> BGH, Urt. v. 16.12.1982
> - VII ZR 92/82, BGHZ 86, 135
> = ZIP 1983, 325 = NJW 1983, 816
> (Stellungnahme Peters, NJW 1983, 798)
> = WM 1983, 268 = BauR 1983, 161
> = ZfBR 1983, 85 = Betrieb 1983, 819
> = BB 1983, 599 (Anm. Bunte)
> = DNotZ 1983, 463 (Anm. Schmidt)
> = LM VOB/B 1973 § 16 (D) Nr. 17 (Anm. Recken)
> = BauR 1983, 362 (Anm. Locher)
> = NJW 1984, 156 (Anm. Flach)
> = SFH § 16 Nr. 3 VOB/B (1973) Nr. 26.

34   Die Fragestellung isolierte Vereinbarung oder Vereinba-
     rung insgesamt ist somit die Schaltstelle zur Einzel-
     prüfung nach dem AGBG, nicht mehr. Vor allem ist mit
     der Feststellung, die VOB/B sei nicht "insgesamt unter
     Übernahme des Normgefüges" vereinbart, noch nichts
     über das Ergebnis der damit eröffneten Inhaltskontrol-
     le nach dem AGBG ausgemacht. Als "isoliert" unwirksam
     hat der BGH bisher nur die Verjährungsregelung des
     § 13 VOB/B (mit Vorbehalten zur Gewährleistungsrege-
     lung allgemein) und die Schlußzahlungsregelung des
     § 16 VOB/B angesehen (s. hierzu Rz. 60).

     Verträge, bei denen die VOB/B ohne Abstriche übernom-
     men wird, die also neben dem Bezug auf die VOB nur Ver-
     einbarungen über Leistung und Gegenleistung enthalten,
     sind in der Praxis selten. Üblich ist ein Geflecht von
     individuellen Vereinbarungen und der VOB vorgesehenen
     Allgemeinen und Besonderen Vertragsbedingungen, bei
     dem die VOB lediglich an letzter Stelle, gewissermaßen

als Auffangregelung gelten soll. Damit stellt sich die
Frage, bei welchen Abweichungen die Inhaltskontrolle
einsetzt. Man kann insoweit grundsätzlich drei Fallgestaltungen unterscheiden:

(1)   Das Vertragswerk enthält nur Abweichungen in
        den Positionen, bei denen die VOB selbst "ab-
        weichende Vereinbarungen" vorsieht.

(2)   Die VOB wird zwar als Regelwerk übernommen,
        die abweichenden Vereinbarungen überschreiten
        aber den von der VOB vorgesehenen Rahmen.

(3)   Es werden nur einzelne Bestimmungen der VOB in
        das Vertragswerk einbezogen ("isolierte Verein-
        barung").

35 Zur Klarstellung sei darauf hingewiesen, daß die hier
erörterte Frage sich nicht aus der redaktionellen Gestaltung des Vertragswerkes löst. Ob das Vertragswerk
z.B. den § 13 VOB ausdrücklich isoliert ("für die Verjährung gilt § 13 VOB") oder durch eine Gesamtregelung, bei der im Ergebnis nur § 13 übrigbleibt, ist
völlig unerheblich.

Für die Frage der Abweichung dürfte die oben mit (1)
gekennzeichnete Vertragsgestaltung eine Gesamtvereinba-
rung im Sinne der Entscheidung

            BGH, Urt. v. 16.12.1982, aaO (Rz. 33).

darstellen; die Fallgestaltung (3) ist mit den Entscheidungen zu § 13 und zur Schlußzahlungsregelung
(Rz. 52 und Rz. 60) geklärt. Für die Fallgestaltung
(2) gibt die Entscheidung

BGH, Urt. v. 28.9.1989
- VII ZR 167/88 (Rz. 39)

wichtige Hinweise.

36 Das wesentliche materielle Abgrenzungskriterium für
die Frage, ob die VOB (noch) als Ganzes in diesem Sinne vereinbart ist, ergibt sich daraus, ob der von der
VOB angestrebte Interessenausgleich durch abweichende
Vertragsbestimmungen gestört wird.

Vgl. hierzu schon
BGH, Urt. v. 16.12.1982
- VII ZR 92/82, aaO (Rz. 33).

Dabei will der BGH offenbar den Verstoß von der VOB ab-
weichender Vertragsbestimmungen gegen das AGBG als In-
diz für die Beeinträchtigung des Interessenausgleichs
behandeln.

Vgl. dazu BGH, Urt. v. 28.9.1989
- VII ZR 167/88 (Rz. 39).

Vor allem mit Rücksicht auf diese Entscheidung ist es
jedem, der an der kurzen Verjährung oder an der Schlußzahlungsregelung interessiert ist, dringend anzuraten,
seine AVB und BVB auf - eher oder ganz - verzichtbare
Abweichungen von der VOB zu durchforsten, wenn diese
Abweichungen nach dem AGBG problematisch sind.

37 "Als Ganzes" ist die VOB nicht vereinbart, wenn der
Auftraggeber bei Gerüstarbeiten in gegenüber der VOB/B
vorgehenden BVB auf Abschlagsrechnungen einen Sicher-
heitseinbehalt von 10 % verlangt, denn für einen Abschlag auf den "Wert der erbrachten Leistung" gibt es
jedenfalls dann keinen sachlichen Grund, wenn - wie

bei Gerüstarbeiten, das aktuelle Mängelrisiko völlig überschaubar ist.

> BGH, Urt. v. 23.11.1989
> - VII ZR 228/88,
> ZfBR 1990, 70;
>
> vgl. auch
> BGH, Urt. v. 17.9.1987
> - VII ZR 155/86,
> BGHZ 101, 357 = NJW 1988, 55
> = MDR 1988, 135 = JZ 1988, 39
> = Betrieb 1987, 2631 = WM 1987, 1498
> = ZIP 1987, 1582 = BauR 1987, 694
> = ZfBR 1988, 22
> = SFH § 16 Nr. 3 VOB/B (1973) Nr. 44.

Damit ist geklärt, daß allein die 10 %, ohne Rücksicht auf sonstige zusätzliche Sicherheitseinbehalte, wie sie bei der Entscheidung vom 17.9.1987 vorgesehen waren, bereits verhindern, daß die VOB/B "als Ganzes" vereinbart ist.

38 Noch offen ist, ob der Abzug von 10 % als solcher gegen das AGB-Gesetz verstößt. Das läßt sich allein mit dem Argument, Abschlagszahlungen seien VOB und nicht gesetzliche Regelung, nicht ohne weiteres aus der Welt schaffen, weil nach der Rechtsprechung des VII. Zivilsenats auch BGB-Verträge den Anspruch auf Abschlag wie nach VOB gewähren können, ohne daß das besonders vereinbart sein müßte.

39 Die VOB ist nicht als Ganzes vereinbart, mit der Folge, daß die VOB-Bestimmungen einzeln auf ihre Vereinbarkeit mit dem AGBG zu überprüfen sind, wenn Besondere Vertragsbedingungen oder sonstige allgemeine Geschäftsbedingungen mit Vertragsbestimmungen, die nach dem AGBG unwirksam sind, von der VOB abweichen. Dabei kommt es nicht darauf an, ob die Anwendungsfälle der fraglichen Vertragsbestimmungen praktisch selten vor-

kommen. Auch führt der Verstoß der Besonderen Vertragsbestimmungen gegen das AGBG und die sich daraus ergebende Unwirksamkeit nicht zur hilfsweise vereinbarten
ungeteilten Anwendung der VOB.

> BGH, Urt. v. 28.9.1989
> - VII ZR 167/88, ZfBR 1990, 18
> = BauR 1990, 81.

4.   § 2 AGBG - Einbeziehung

a)   Staatliche Nebenbestimmungen (BVB etc.)

40 Für die Einbeziehung reicht, auch im kaufmännischen
Verkehr, nicht ein Hinweis, der so allgemein gehalten
ist, daß die konkret angesprochenen Vertragsbestimmungen nicht hinreichend genau feststellbar sind. Nötig
ist vielmehr ein Bezug, der klar und hinsichtlich des
Gemeinten unverwechselbar ist. Das ist bei der Formu-
lierung (in einer Vorbemerkung), maßgebend seien die
"Vorschriften und Bedingungen der Straßenbauverwal-
tung" des Landes X, angesichts der Vielzahl der damit
möglicherweise angesprochenen Regelungen nicht der
Fall;

> BGH, Urt. v. 3.12.1987
> - VII ZR 374/86, BGHZ 102, 293
> = NJW 1988, 1210 = BauR 1988, 207
> = ZfBR 1988, 122 = ZIP 1988, 175
> = WM 1988, 460 = MDR 1988, 402
> = JZ 1988, 698 = SFH § 2 AGBG Nr. 5.

Im konkreten Fall kam hinzu, daß die Vorschrift, um
die es gehen sollte, nicht einmal eine des Landes war,
vielmehr von Bundesbehörden stammte.

41 Anders freilich ist die Sache zu sehen, wenn gegenüber einem im Straßenbau tätigen Unternehmen auf die Zusätzlichen Vertragsbedingungen für die Ausführung von Bauleistungen im Straßen- und Brückenbau (ZVB-StB) hingewiesen wird, dann werden diese durchaus Vertragsinhalt;

BGH, Urt. v. 24.3.1987
- VII ZR 196/86, BauR 1987, 445
= ZfBR 1987, 191 = NJW 1987, 2080
= Betrieb 1987, 2199 = WM 1987, 907
= MDR 1987, 834
= SFH § 13 Nr. 4 VOB/B (1973) Nr. 10.

b)   VOB/B

42 Daß mindestens ein rechtzeitiger Hinweis auf die bereits bekannten Geschäftsbedingungen nötig ist, um diese zum Vertragsinhalt zu machen, und zwar auch bei Gewerbetreibenden, wenn sie nicht Kaufleute sind, ergibt sich aus der unten zitierten Entscheidung des BGH. Wegen Fehlens eines rechtzeitigen Hinweises hat der BGH den verlängerten und um Verarbeitungsklauseln usw. erweiterten Eigentumsvorbehalt eines Lieferanten von Baumaterial an einen Dachdecker trotz früherer Lieferungen unter Bezug auf Lieferbedingungen mit einschlägigen Vorbehalten nicht gelten lassen, weil weder eine förmliche Rahmenvereinbarung noch ein hinreichender Hinweis festzustellen war.

BGH, Urt. v. 18.6.1986
- VIII ZR 137/85, ZfBR 1986, 222.

43 Für die VOB/B gilt: Kann der Verwender mit Sicherheit erwarten, daß dem Vertragspartner die VOB/B bekannt oder zugänglich ist, d.h. bei entsprechender Durchsetzung in der betreffenden Branche, genügt ein Hinweis

auf die VOB/B, um sie in den Vertrag einzubeziehen. Das gilt auch für im Baugewerbe tätige Nicht-Kaufleute.

> BGH, Urt. v. 16.12.1982
> - VII ZR 92/82, BGHZ 86, 135
> = NJW 1983, 816
> (Stellungnahme Peters, NJW 1983, 798;
> Anm. Flach, NJW 1984, 156)
> = BauR 1983, 161
> (Anm. Locher, BauR 1983, 362)
> = ZfBR 1983, 85 = Betrieb 1983, 819
> = BB 1983, 599 (mit Anm. Bunte)
> = DNotZ 1983, 462 (mit Anm. Schmidt)
> = ZIP 1983, 325 = SFH § 16 Nr. 3 Nr. 25.

44 Diese Entscheidung ist aber, wie an sich schon aus ihr selbst ersichtlich ist und wie jetzt nochmal aus gegebenem Anlaß klargestellt wurde, als Ausnahme davon zu verstehen, daß ein bloßer Hinweis, und dies auch bei mündlich geschlossenen Verträgen, regelmäßig nicht genügt, und zwar selbst dann nicht, wenn gewisse Anhaltspunkte dafür bestehen, daß dem betreffenden Vertragspartner bzw. Vertragsschließenden die VOB mehr oder minder bekannt sein könnte (im Streitfall Hausmeister einer größeren EWO-Anlage, der u.a. mit Aufträgen an Handwerker betraut war).

> BGH, Urt. v. 9.11.1989
> - VII ZR 16/89, BauR 1990, 205
> = ZfBR 1990, 69.

Die Entscheidung dürfte vor allem für das Verhältnis von Bauhandwerkern zu Privatkunden Bedeutung haben.

5.   § 6 Abs. 2 AGBG

45 Die VOB/B ist keine gesetzliche Auffangregel im Sinne
dieser Bestimmung.

BGH, Urt. v. 21.11.1985
- VII ZR 22/85 (Rz. 46).

6.   § 9 AGBG

a)   Unwirksame Meistbegünstigung

46 Die Bestimmung in einem Bauvertrag, wonach Gewährleistung und Haftung des Unternehmens sich nach VOB/B
bzw. BGB richten soll und bei unterschiedlichem Ergebnis das für den Bauherrn jeweils günstigere, ist unwirksam.

BGH, Urt. v. 21.11.1985
- VII ZR 22/85, BauR 1986, 200
= ZfBR 1986, 79 = NJW 1986, 924
(Anm. Brych)
= JZ 1986, 355 = BB 1986, 222
= Betrieb 1986, 640 = WM 1986, 328
= SFH § 5 AGBG Nr. 1.

b)   Zulässige Vertragsstrafe

47 Beschränkt eine Vertragsstrafenvereinbarung, die in Ab-
hängigkeit von der Angebotssumme im Verhältnis zur
Verzugszeit (im konkreten Fall 0,1 % pro Werktag der
Verspätung), die Höhe der Vertragsstrafe auf insgesamt
10 % der Auftragssumme, so ist die Klausel zulässig.

BGH, Urt. v. 25.9.1986
- VII ZR 276/84, BauR 1987, 92
= ZfBR 1987, 35 = NJW 1987, 380
= BB 1986, 380 = Betrieb 1987, 430
= WM 1987, 45 = ZIP 1986, 1570
= MDR 1987, 309
= SFH § 11 VOB/B (1973) Nr. 11.

c)   Zulässiger Formularvorbehalt einer

       Vertragsstrafe

48 Der Vorbehalt einer Vertragsstrafe kann auch in eine
formularmäßig vorbereitete Abnahmeniederschrift aufge-
nommen und mit deren Unterschrift erklärt werden.

        BGH, Urt. v. 25.9.1986
        - VII ZR 276/84, aaO (Rz. 47).

d)   Unwirksame Verzinsung bei Überzahlungen

49 Unwirksam ist die Klausel in AGB, wonach "im Falle einer Überzahlung der Auftragnehmer den zu erstattenden
Betrag - ohne Umsatzsteuer - mit 4 %/Jahr vom Empfang
der Zahlung an zu verzinsen" hat.

        BGH, Urt. v. 8.10.1987
        - VII ZR 185/86, BauR 1988, 92
        = ZfBR 1988, 30 = BGHZ 102, 41
        = NJW 1988, 258 = MDR 1988, 221
        = Betrieb 1988, 109 = WM 1987, 1527
        = ZIP 1987, 1457 = SFH § 9 AGBG Nr. 34.

Das heißt aber nicht, daß AGB, die - bei Pauschalierun-
gen mit der nötigen Fairness und dem nötigen Realitäts-
bezug - die Herausgabe von gezogenen Nutzungen regeln,
bei Kaufleuten auch vermuten, daß Nutzungen gezogen
worden sind, gegen das AGBG verstoßen.

e)   Wirksame 5jährige VOB-Verjährung

50 Nicht zu beanstanden ist die formularmäßige Verlängerung der VOB-Verjährung auf fünf Jahre.

> BGH, Urt. v. 23.2.1989
> - VII ZR 89/87 (Rz. 51).

Das liegt in der Tendenz der Rechtsprechung des Senats, die kurze VOB-Verjährung nur mit großer Zurückhaltung zu akzeptieren. Im übrigen ist aber schon aus
methodischen Gründen der Rückgriff auf die gesetzliche
Regelung nach AGB-Recht nicht zu beanstanden.

f)   Unwirksame Verzögerung der Abnahme

51 Unwirksam ist die Klausel in den Vertragsbedingungen
eines Bauträgers, wonach eine förmliche Abnahme bei
Übergabe des Hauses, frühestens aber sechs Monate nach
Fertigstellung der Leistung erfolgen soll,

> BGH, Urt. v. 23.2.1989
> - VII ZR 89/87, BauR 1989, 322
> = ZfBR 1989, 158 = BGHZ 107, 75
> = NJW 1989, 1602 = MDR 1989, 627
> = BB 1989, 1150 = Betrieb 1989, 1181
> = WM 1989, 158 = ZIP 1989, 652.

Das bedeutet freilich nicht, daß die Frist für eine
förmliche Abnahme nicht auch durch AGB herausgeschoben
werden könnte, wenn hierfür hinreichender Anlaß besteht (Mängelkontrolle, in gewissem Umfang Gleichschal-
tung von Gewährleistungsfristen bei Haupt- und Subun-
ternehmer). Unzulässig ist es aber, die förmliche Abnahme auf einen völlig ungewissen Zeitpunkt hinauszu-
schieben. Als durchaus noch angemessen hat der Senat

vier bis sechs Wochen bezeichnet, zwei Monate oder
mehr aber als nicht mehr hinnehmbar.

g)   "Isolierte" Vereinbarung von § 13 VOB/B

52 Die vom Auftragnehmer/Unternehmer/Bauträger, kurz ge-
sagt, also von dem durch sie Begünstigten, "gestell-
te" isolierte Vereinbarung der Verjährungsregelung von
§ 13 VOB/B im Bau- oder Bauträgervertrag ist wegen
Verstoß gegen § 11 Nr. 10 f, § 9 AGBG unwirksam.

>   BGH, Urt. v. 10.10.1985
>   - VII ZR 325/84, BGHZ 96, 129
>   = NJW 1986, 302 (Anm. Brych)
>   = JZ 1986, 148 (Anm. Locher)
>   = JR 1986, 200 (Anm. Schubert)
>   = BauR 1986, 89 = ZfBR 1986, 33;
>
>   BGH, Urt. v. 24.10.1985
>   - VII ZR 74/85 = NJW 1986, 713, 714
>   = Betrieb 1986, 215 = BB 1986, 896;
>
>   BGH, Urt. v. 7.5.1987
>   - VII ZR 129/86, aaO (Rz. 32).

53 Der Auftraggeber kann das freilich schon.

>   BGH, Urt. v. 4.12.1986
>   - VII ZR 354/85 = BGHZ 99, 160
>   = NJW 1987, 837 = BauR 1987, 205
>   = ZfBR 1987, 73 = Betrieb 1987, 577.

Das dürfte, mit umgekehrten Vorzeichen, auch für die
Schlußzahlungsregelung gelten (vgl. insoweit Rz. 60).

h)   Vertragsstrafen ohne Begrenzungen

54 Die Rechtsprechung zur formularmäßigen Vertragsstrafe,
deren Höhe sich nach einem Vomhundertsatz der Auf-

tragssumme pro Tag (Kalender-, Werk-, Arbeitstag) richten soll, ist inzwischen abgeschlossen. Danach muß eine solche Vertragsstrafe, um vor der Inhaltskontrolle
zu bestehen, immer eine Begrenzung nach oben aufweisen. Die Einschränkungen, die sich aus den früher entschiedenen Fallgestaltungen ergaben, sind damit sämtlich obsolet (Prozentsätze, "größere" Vorhaben u.a.).

Der maßgebliche Rechtsgrundsatz lautet also: Jede Vertragsstrafenvereinbarung in Allgemeinen Geschäftsbedingungen, die in Vomhundertsätzen der Auftragssumme pro
Zeiteinheit der Zuwiderhandlung ausgedrückt ist, muß
eine Begrenzung auf einen Gesamtbetrag ausweisen;
sonst ist sie nichtig.

> BGH, Urt. v. 19.1.1989
> - VII ZR 348/87, Betrieb 1989, 722
> = WM 1989, 449 = ZIP 1989, 243
> = MDR 1989, 535 = BB 1989, 722
> = BauR 1989, 327 = ZfBR 1989, 102.

55 Diese, bei sorgfältiger Analyse der Entscheidungen von
vornherein absehbare, Entwicklung ergibt sich folge-
richtig aus den beiden tragenden Argumentations-Elemen-
ten bereits der ersten Entscheidung zu diesem Thema,
nämlich daß die Vertragsstrafe nicht zur Einnahmequelle werden darf und daß es unangemessen ist, daß eine
Vertragsstrafe, ohne daß ein entsprechender Schaden
vorliegt, den gesamten Werklohn aufzehren kann. Diese
Argumente bieten auch Anhaltspunkte für die Beantwor-
tung der noch offenen Fragen, nämlich vor allem, wo
die Obergrenze der zulässigen Vertragsstrafe anzuset-
zen ist. Das läßt sich vermutlich nicht absolut bestimmen sondern nur in Bezug auf die Gesamtregelung des
Vertrags.

Um die "Druckfunktion" der Vertragsstrafe möglichst lange aufrecht zu erhalten, bieten sich Regelungen an, die ganz oder teilweise, u.U. auch mit sich vergrößernden Anteilen, Kombinationen von Vertragsstrafe und Verzugsschadensersatz vorsehen. Soweit dieser pauschaliert wird, ist allerdings zu beachten, daß der Nachweis eines geringeren Schadens offengehalten werden und eine angemessene Beziehung zum realen Schaden bestehen bleiben muß (§ 11 Nr. 5 AGBG).

56 Weil die Entwicklung nach Auffassung des Senats absehbar war, war für an einer vom Verwender (zu Unrecht) vermuteten Grenze des Zulässigen formulierte Vertragsstrafenbestimmungen kein "Vertrauensschutz" anzunehmen. Deshalb hat der VII. Zivilsenat auch Vertragsstrafenerklärungen aus der "Frühzeit" seiner einschlägigen Rechtsprechung, die bei niedrigem Vomhundertsatz ohne Begrenzung nach oben gelten sollten, nicht akzeptiert.

> BGH, Urt. v. 11.5.1989
> - VII ZR 305/87, ZfBR 1989, 209
> = BauR 1989, 459 = BB 1989, 1371
> = MDR 1989, 904 = ZIP 1989, 1066
> = WM 1989, 1389 = Betrieb 1989, 1868.

i)   "Bietererklärung"

57 Ganz ähnlich wie bei der Vertragsstrafe in Vomhundertsätzen der Auftragssumme ist das Argumentationsmuster zur sogenannten "Bietererklärung", d.h. einer Erklärung, sich nicht an Ausschreibungskartellen oder sonstigen kartellähnlichen Absprachen beteiligt zu haben und für den Fall des Verstoßes "Vertragsstrafe" zu versprechen. Als anstößig hat der BGH für diese "Vertragsstrafen", die richtigerweise als Garantieerklärungen zu qualifizieren sind, einmal die mögliche Funktion

als - völlig unverdiente - Einnahmequelle angesehen,
zum andern, daß die Straferklärung - für das Zivil-
recht funktionswidrig - nicht zur Erzwingung vertrags-
treuen Verhaltens sondern zur Sanktion eines ggf.
schon begangenen Verstoßes eingesetzt wurde,

vgl. BGH, Urt. v. 23.6.1988
- VII ZR 117/87, BauR 1988, 588
= ZfBR 1988, 272 = BGHZ 105, 24
= NJW 1988, 2536 = MDR 1988, 953
= BB 1988, 1916 = WM 1988, 1569
= Betrieb 1988, 2246 = ZIP 1988, 1126
= SFH § 9 AGBG Nr. 38.

58 Wie sich aus einer nicht veröffentlichten Entscheidung
vom gleichen Tage ergibt, ist die - auch formularmäßige - Vereinbarung und die Geltendmachung von Schadens-
ersatzansprüchen für solche Fallgestaltungen durchaus
zulässig.

k)   Unwirksame Schlußrechnungsklausel
        (abschließend/vollständig)

59 Eine in vorrangig zur VOB/B geltenden Allgemeinen Vertragsbestimmungen enthaltene Klausel, nach der die
Schlußrechnung endgültig sein soll, verstößt - auch im
kaufmännischen Verkehr - gegen das AGBG und ist deshalb unwirksam.

Die einschlägige Klausel lautete:

"Die Schlußrechnung muß vollständig und abschließend
aufgestellt werden. Nachforderungen werden hiermit ausgeschlossen. Der AN verzichtet ausdrücklich auf alle
Ansprüche, die nicht in der Schlußrechnung geltend gemacht werden."

Die Argumentation des BGH beruht im wesentlichen auf einem arg. a fortiori aus der Entscheidung zur "isolierten" Vereinbarung der Schlußzahlungsregelung der VOB/B (vgl. Rz. 60).

> BGH, Urt. v. 20.4.1989
> - VII ZR 35/88, ZfBR 1989, 212
> = BauR 1989, 461 = BGHZ 107, 205
> = NJW 1989, 2124 = MDR 1989, 806
> = BB 1989, 1371 = Betrieb 1989, 1619
> = WM 1989, 1345 = ZIP 1989, 1067.

Zu der Frage, unter welchen Voraussetzungen ein individuell vereinbarter (nachträglicher) Verzicht ausnahmsweise angenommen werden kann, vgl. bei Rz. 25 a.E.

1)   Unwirksame "isolierte" Schlußzahlungsklausel

60   Die "isolierte" (vgl. insoweit Rz. 33-35) Vereinbarung der Schlußzahlungsregelung der VOB/B beeinträchtigt, wenn sie vom Bauherrn/Auftraggeber/Besteller ausgeht, die Rechte des Vertragspartners unter Verstoß gegen Treu und Glauben unangemessen und ist deshalb als Vertragsbestimmung unwirksam. Wegen einer Vereinbarung, die von dem durch die Regelung benachteiligten Vertragspartner ausgeht, vgl. Rz. ??

> BGH, Urt. v. 17.9.1987
> - VII ZR 155/86, BGHZ 101, 357
> = NJW 1988, 55 = JZ 1988, 39
> = Betrieb 1987, 2631 = WM 1987, 1498
> = ZIP 1987, 1582 = BauR 1987, 694
> = ZfBR 1988, 22
> = SFH § 16 Nr. 3 VOB/B (1973) Nr. 44.

m)   Unwirksame Kündigung ohne Entschädigung

61 Der Ausschluß vor dem Auftragnehmer nach § 642, § 649
Abs. 2 BGB (bzw. § 9 Nr. 3 VOB/B) im Falle der Kündigung aus wichtigem Grund zustehenden Rechte (Schadensersatz, Entschädigung und entgangener Gewinn) in allgemeinen Geschäftsbedingungen benachteiligt den Vertragspartner unangemessen entgegen Treu und Glauben und ist
daher unwirksam.

> BGH, Urt. v. 29.9.1989
> - VII ZR 167/88 = ZfBR 1990, 18
> = BauR 1990, 81

n)   Wirksamer Abtretungsausschluß

62 Unbedenklich ist in AGB der - auch abgeschwächte - Abtretungsausschluß. Vgl. zu diesem aus der neueren
Rechtsprechung

> BGH, Urt. v. 11.5.1989
> - VII ZR 150/88, BauR 1989, 610
> = ZfBR 1989, 199 = MDR 1989, 985
> = BB 1989, 1442 = Betrieb 1989, 2018
> = WM 1989, 122 = ZIP 1989, 1131
> = NJW-RR 1989, 1104;
>
> BGH, Urt. v. 29.6.1989
> - VII ZR 211/88, BauR 1989, 616
> = ZfBR 1989, 244 = JZ 1989, 807
> = BB 1989, 1584 = Betrieb 1989, 2018
> = WM 1989, 1470 = ZIP 1989, 1137;
>
> BGH, Urt. v. 3.12.1987
> - VII ZR 374/86, BGHZ 102, 293
> = NJW 1988, 1210 = BauR 1988, 207
> = ZfBR 1988, 122 = Betrieb 1988, 647
> = WM 1988, 460 = ZIP 1988, 175
> = MDR 1988, 402 = JZ 1988, 698
> = SFH § 2 AGBG Nr. 5.

7.   § 11 AGBG

a)   Unwirksame unwiderrufliche Bankgarantie
      für Abschlag

63 Gem. § 11 Nr. 2 AGBG unwirksam ist die Verpflichtung
    zur Stellung einer formularmäßigen Bankgarantie für
    Abschlagszahlungen des Bauherrn, wenn die Bank allein
    auf Anforderung mit Bautenstandsbericht (-Behauptung)
    des Unternehmers soll zahlen müssen. Durch eine Klau-
    sel dieser Art werden im Ergebnis unzulässig die ge-
    setzlichen Leistungsverweigerungsrechte aus § 320, 273
    BGB ausgeschlossen.

> BGH, Urt. v. 21.4.1986
> - VII ZR 126/85 = ZfBR 1986, 165.

Wirksam ist dagegen eine formularmäßige Verpflichtung
des Bauherrn - widerruflichen! - Abbuchungsauftrag zu
erteilen.

> BGH, Urt. v. 21.4.1986, aaO (Rz. 63).

b)   Unwirksame Kündigungsklausel (Nr. 8 a)

64 Eine unzulässige Einschränkung des Kündigungsrechts
    des Auftragnehmers stellt es dar, wenn nach den formu-
    larmäßigen Besonderen Vertragsbedingungen der Auftrag-
    nehmer für eine Kündigung aus wichtigem Grund eine Kün-
    digungsfrist von vier Wochen einhalten muß.

> BGH, Urt. v. 28.9.1988
> - VII ZR 167/88, ZfBR 1990, 18
> = BauR 1990, 81.

c) Unwirksame individualisierte Verkürzung
    der Gewährleistungsfrist (Nr. 10 f)

65 Die Verkürzung der Gewährleistungsfrist unter bezug
    auf § 13 VOB/B auf zwei Jahre ist nicht deshalb wirk-
    sam, weil der Vertrag für andere Teile des Bauwerks
    (Rohbau einschließlich Dach) die fünfjährige Verjäh-
    rung nach BGB vorsieht.

> BGH, Urt. v. 29.9.1988
> - VII ZR 186/87, BauR 1989, 77
> = ZfBR 1989, 28 = MDR 1989, 154
> = BB 1988, 2413 = Betrieb 1989, 476
> = WM 1988, 1757
> = SFH § 13 Nr. 4 VOB/B (1973) Nr. 16.

8. Inhaltskontrolle von Verträgen außerhalb
    des AGBG - formelhafte Gewährleistungs-
    ausschlüsse

66 Die ständige Rechtsprechung des VII. Zivilsenats behan-
    delt formelhafte Gewährleistungsausschlüsse ohne hin-
    reichende und vollständige Belehrung auch wenn sie in
    notariellen Individualverträgen enthalten sind, als un-
    wirksam. Die Rechtsprechung ist nicht unumstritten,
    findet aber in der Literatur durchaus auch Zustimmung.
    Eine vollständige Zusammenfassung mit Nachweis aller
    Entscheidungen und des wesentlichen Schrifttums findet
    sich in der letzten einschlägigen Entscheidung,

> BGH, Urt. v. 29.6.1989
> - VII ZR 151/88, BauR 1989, 597
> = ZfBR 1989, 245.

Die Entscheidung enthält eine Reihe von Hinweisen darauf, wie Gewährleistungsausschlüsse zu gestalten sind,
um nicht als "formelhaft" zu gelten, und wie die -

ebenfalls mögliche - Belehrung über die Folgen
aussehen könnte und ggf. auch zu dokumentieren wäre.

67 Ausgestaltung eines nicht formelhaften Gewährleistungs-
ausschlusses: Eine entsprechende Freizeichnung ist
nach Treu und Glauben so auszugestalten, daß Umfang
und Tragweite von dem Erwerber erkannt und überblickt
werden können. Die Rechtsfolgen des Gewährleistungsaus-
schlusses müssen dem Erwerber - abgestimmt auf den Ein-
zelfall - in einer für ihn verständlichen Sprache gewissermaßen vor Augen geführt werden. Aufgrund der Formulierungen muß also auch der juristisch nicht vorge-
bildete Laie erkennen können, daß er bei Mängeln kei-
nerlei Ansprüche gegen den Veräußerer haben soll.

Belehrung: Zur Frage einer ausreichenden Belehrung,
die im Prinzip einen ähnlichen Inhalt wie die oben
dargestellten Möglichkeiten zur Fassung des Vertrags
haben müßte, wird darauf hingewiesen, daß der Notar
das über einen Haftungsausschluß geführte Gespräch und
das Einverständnis des Erwerbers mit dem Haftungsausschluß beweiskräftig dokumentieren kann.

Teil III: Gewährleistung

1.   Aufklärungs- und Beratungspflichten

68   Die Rechtsprechung des BGH zieht, z.T. unter Wider-
spruch des Schrifttums, die Aufklärungs- und Beratungspflichten des Unternehmers unter bestimmten Umständen
weiter, als das den Unternehmern recht ist. Es geht dabei typischerweise um Lieferverträge, bei denen der
Lieferant sich zwar zu wesentlichen Einbauleistungen
verpflichtet, seine Rolle persönlich aber eher als die
eines um Absatz bemühten Verkäufers versteht. Diese Situation ist psychologisch dadurch gekennzeichnet, daß
der Besteller sich, was er - Arbeiten an einem Bauwerk, vgl. Rz. 92 - 96, auch darf, als Bauherr versteht, während der Unternehmer geneigt ist, sich auf
die Rolle des Lieferanten zurückzuziehen, der gewisse
Serviceleistungen zusätzlich erbringt. Die Tendenz der
Rechtsprechung des BGH geht eindeutig dahin, den "Lieferanten" als Werkunternehmer in die Pflicht zu nehmen.

In diesem Zusammenhang von Interesse sind vor allem
der Fall Blockheizkraftwerk und der Schwimmbadfall.

Blockheizkraftwerk

69   Dem Fall zugrunde lag ein Vertrag über Einbau und Lieferung einer Kleinanlage zur Erzeugung elektrischer
Energie, also gewissermaßen ein alternatives Energie-
konzept. Die Anlage war für den gedachten Zweck hoch-
gradig unwirtschaftlich. Der BGH hat den Lieferanten
aus Verschulden bei Vertragsschluß oder auch Vertrag
für schadensersatzpflichtig gehalten und dazu ausge-
führt: Bei dem Unternehmer würden die zur Herstellung
des Werks erforderlichen Kenntnisse vorausgesetzt, er

müsse für das dazu erforderliche Wissen und Können einstehen. Daraus folge nach Treu und Glauben eine entsprechende Beratungsverpflichtung. Dabei sei eine er-
höhte Beratungsverpflichtung anzunehmen, wenn neuarti-
ge und unerprobte Anlagen geliefert werden sollen. Die
Lage sei ähnlich, wie bei neuen Baustoffen. Deshalb habe der Lieferant den Bauherrn umfassend über alle Nachteile und Risiken, die mit der weitgehend unerprobten
Neuheit verbunden waren, aufzuklären gehabt.

> BGH, Urt. v. 9.7.1987
> - VII ZR 208/86, ZfBR 1987, 269
> = BauR 1987, 681 = BB 1987, 1843
> = WM 1987, 1303 = Betrieb 1987, 2094
> = NJW-RR 1987, 1305 = SFH § 631 Nr. 22.

Der Schwimmbadfall

70 ist zu etlichen akademischen Ehren gekommen, ob zu
Recht mag dahinstehen, es ist immer problematisch,
Fälle im Abstraktionsniveau zu stark anzuheben, dann
werden sie zu Problemen, die sie in der Realität gar
nicht waren.

Die Geschichte war, und das verdient genau beachtet zu
werden, folgende: Es hatte sich jemand ein Schwimmbad
aus Edelstahlfertigteilen bestellt. Dieses mußte, vorausgesetzt der Boden, bzw. eine zu erstellende Bodenplatte war hinreichend stabil, einfach nur aufgestellt
werden. Der "Lieferant" des Schwimmbads hatte zwar ge-
sagt, daß er eine Bodenplatte bestimmter Dicke brauche,
sich aber sonst über die Bedürfnisse, die sich im wesentlichen aus der Art ergaben, wie das Schwimmbad,
wenn es gefüllt war, auf den Boden drückte, nicht weiter geäußert. Obwohl das ja wohl einigermaßen nahe ge-
legen hätte, hatte er dem Bauherrn nicht die techni-

schen Unterlagen zur Verfügung gestellt, aus denen
sich Bodendruckanforderungen und dergleichen ergaben.

Die Entscheidung des BGH kommt im wesentlichen darauf
heraus, daß der Unternehmer nicht einfach die unter
diesen Umständen "irgendwie" erstellte Bodenplatte hätte hinnehmen dürfen, vielmehr hätte schauen müssen, ob
das, was ihm da gewissermaßen ins Blaue hinein als Vor-
leistung angedient worden war, auch annähernd den Er-
fordernissen entsprach.

Das Ergebnis ist ganz ähnlich, wie beim Blockheizkraftwerk. Wer technische Spezialleistungen anbietet, darf
sich nicht darauf verlassen, daß deren Bedingungen und
Voraussetzungen bekannt sind.

> BGH, Urt. v. 23.10.1986
> - VII ZR 48/85, BauR 1987, 79
> = ZfBR 1987, 32 = JZ 1987, 160
> = WM 1987, 140 = NJW 1987, 643
> = Betrieb 1987, 782
> = SFH § 633 BGB Nr. 60.

Wärmepumpe

71 Ein ähnlicher Fall war - aus der Annahmepraxis - die
Lieferung einer Wärmepumpe zur Beheizung eines Hotelbe-
triebs. Dabei sollte die nötige Wärme dem nahe vorbei-
fließenden Fluß entzogen werden. Die Panne war, daß
der relativ niedrige Wasserstand im Winter bei der
Planung unbedacht blieb. Die Entscheidung ist aus zwei
Gesichtspunkten interessant, einmal die Beratungspflichten für den Lieferanten neuer Technik, zum andern das Verhältnis von Lieferant und Architekt. Der
Lieferant, der spezielle Technik liefert, darf sich danach nicht zulasten des Architekten, der nur allgemeine Kenntnisse haben muß, entlasten. Bei Spezialisten
kann das natürlich schnell anders werden.

2.   Symptomtheorie

72 Die - im Jargon des VII. Zivilsenats - als Symptomtheo-
    rie oder Symptomrechtsprechung gehandelte Frage, wel-
    che Anforderungen an die Benennung von Mängeln zu
    stellen sind, hat inzwischen einen gewissen Abschluß
    gefunden. Danach ist klargestellt, daß sowohl der Auf-
    traggeber/ Besteller wie auch der Auftragnehmer, wenn
    er vom Symptom redet, "den Mangel selbst" und nicht
    nur das Symptom maßgeblich benennt, genauer gesagt in
    die jeweilige vertragliche oder prozessuale Situation
    einführt. Ob nun der Unternehmer prüft (§ 639 Abs. 2
    BGB) oder anerkennt (§ 208 BGB), ob der Besteller/Auf-
    traggeber mahnt, Nachbesserung verlangt, Vorschuß be-
    gehrt, Beweissicherung beantragt oder sonst irgend et-
    was. Kurz gesagt ist sowohl prozessual (Vorschuß,
    Streitgegenstand) wie materiell die Bezeichnung des
    Symptoms für die Bezeichnung seiner Ursache gut. So
    hat der VII. Zivilsenat schon seit fast 20 Jahren judi-
    ziert und inzwischen dürfte es sich auch herumgespro-
    chen haben.

    Die letzte, für BGHZ bestimmte, Entscheidung zu dieser
    Frage, die die Rechtsprechung auch systematisch zusam-
    menfaßt und alle einschlägigen Fundstellen enthält,
    stammt vom 18.1.1990.

        BGH, Urt. v. 18.1.1990
        - VII ZR 260/88,
        ZIP 1990, 457;
        vgl EWiR § 208 BGB 1/90, 443 (Lenzen).

    Sie befaßt sich konkret mit dem Anerkenntnis des Unter-
    nehmers und der Frage, ob auch die Mängelbeseitigungs-
    arbeiten im Zusammenhang mit einer Zug-um-Zug-Verurtei-
    lung über die Verurteilung hinaus auf die Ursache und
    nicht nur auf das Symptom zielen. Das wurde, im Rahmen

der Gesamttendenz, dahin entschieden, daß auch hier
der Mangel und nicht das - hier allerdings judizierte
- Symptom maßgebend ist. Wie man leicht erkennen kann,
hätten sich sonst unlösbare Wertungswidersprüche zwischen der Zug-um-Zug-Verurteilung und dem Zurückbehal-
tungsrecht ergeben.

73 Die Bedeutung dieser Rechtsprechung zeigt sich vor allem im Bereich der Verjährung. Häufig ist den Beteiligten nur ein geringer Teil der wirklichen Schäden bekannt, sei es weil sie die Ursachen falsch einschät-
zen, also etwa Ausführungsfehler vermuten, wo es um
Planungsfehler und ähnliche übergreifende Systemfehler
geht, sei es weil die Mangelerscheinungen äußerlich
noch einen ganz geringen Umfang haben, während die Ursachen im ganzen Gebäude verbreitet sind. So waren im
Fall des

BGH, Urt. v. 6.10.1988
- VII ZR 227/87, BauR 1989, 79
= ZfBR 1989, 27

sämtliche Balkone einer größeren Wohnungsanlage kon-
struktionsbedingt mangelhaft. Gezeigt hatte sich das -
mit undichten Balkonen - nur auf der Wetterseite und
nur in den oberen Stockwerken. Das Beweissicherungsverfahren war nach dieser Entscheidung geeignet, die Verjährung wegen aller Balkone zu unterbrechen, und das,
obwohl das Beweissicherungsverfahren selbst sich nur
mit einzelnen Balkonen befaßte und die wirklichen Mängel noch gar nicht erwiesen hatte. Im Ergebnis hat die
Klägerin dieses Verfahrens nur einen kleinen Teil
ihrer Schäden erhalten, weil sie den Prozeß, wohl mit
Rücksicht auf Rechtsprechung der Oberlandesgerichte,
die andere Tendenzen zeigt, nur auf die Wetterseite be-
schränkte.

74 Die Bedeutung für das Prozeßrecht läßt sich an diesem Fall ebenfalls anschaulich machen. Hätte die Klägerin in diesem Fall wegen zwei Balkonen einen Voll-Vorschuß eingeklagt, hätte sie nach günstigem Beweisergebnis noch sämtliche Balkone in den Prozeß einführen können, vgl. hierzu auch

> BGH, Urt. v. 10.11.1988
> - VII ZR 140/87 = BauR 1989, 81
> = ZfBR 1989, 54.

Es ist allerdings prozessual nicht ganz einfach, das richtig zu machen.

Zur Symptomtheorie auch die Entscheidung des BGH,

> BGH, Urt. v. 18.1.1990 - VII ZR 260/88,
> ZIP 1990, 457, 458 (vgl. dazu auch
> EWiR § 208 BGB 1/90, 443 (Lenzen):

"Nach der ständigen Rechtsprechung des Senats ist im werkvertraglichen Gewährleistungsrecht zu unterscheiden zwischen der Abweichung der Werkleistung von der vertragsgemäßen Beschaffenheit, dem Mangel der Werkleistung, und den Mangelerscheinungen, an denen sich die Abweichung des Werks von der vertraglichen geschuldeten Leistung zeigt. Für eine Fülle vertraglicher und prozeßrechtlicher Erklärungen hat der Senat bereits entschieden, daß mit der hinreichend konkreten Bezeichnung der beanstandeten Erscheinungen nicht nur diese, sondern der Mangel selbst zum Gegenstand dieser Erklärungen wird.

Das gilt nicht etwa nur für die Teile des Mangels, die an den bezeichneten Erscheinungen offenbar werden, vielmehr für den Mangel in vollem Umfang, d.h. für al-

le dem Werk anhaftenden Fehler, auf die die beanstandeten äußeren Erscheinungen zurückzuführen sind.

Der Senat hat dies entschieden für den Gegenstand der
Vorschußklage (Urt. vom 10.11.1988 - VII ZR 140/87 =
BauR 1989, 81 = ZfBR 1989, 54) und des Beweissiche-
rungsverfahrens (Urt. v. 6.10.1988 - VII ZR 227/87 =
BauR 1989, 79 = ZfBR 1989, 27).

Er hat dies auch für eine Reihe von vertraglichen Ab-
wicklungsverfahren angenommen, so für Inhalt und Ausle-
gung (NJW 1987, 381; 1974, 1188 ...; BauR 1987, 443 =
ZfBR 1987, 188; ... BauR 1982, 66 = ZfBR 1982, 19) sowie für den Wirkungsumfang (... BauR 1987, 207 = ZfBR
1987, 71; ... BauR 1989, 470; BauR 1989, 606 = NJW
1989, 2753) des Mängelbeseitigungsverlangens nach BGB
und VOB/B.

Schließlich hat der Senat diesen Gesichtspunkt auch dafür als maßgebend angesehen, in welchem Umfang bei ein-
verständlicher Prüfung des Mangels gem. § 639 Abs. 2
BGB die Verjährung gehemmt wird (... BauR 1989, 603 =
ZfBR 1989, 202).

Nichts anderes gilt für das Anerkenntnis nach § 208
BGB. ..."

3.   Öffentlich-rechtliche Nutzungsbeschränkungen
     als Sachmangel gemäß §§ 633, 634 BGB

75 Keineswegs selten ergeben sich aus Arbeitsschutzbestim-
mungen sowie, dies vor allem, aus planungsrechtlichen
Bindungen Nutzungsbeschränkungen (z.B.: Verbot der
Wohnnutzung für Räume, die zwar äußerlich unbedenklich
zu Wohnzwecken verwendet werden können, aber planungs-

rechtlich nur für Nicht-Wohnzwecke - z.B. "Hobbyraum"
- genehmigt sind; Verbot der gewerblichen Nutzung für
als solche genehmigten Wohn- oder Kellerräume). Obwohl
sich in solchen Fällen u.U. die Beschränkungen nicht
eigentlich aus dem Zustand des errichteten Gebäudes
sondern aus davon unabhängigen Vorschriften ergeben,
behandelt der VII. Zivilsenat sie als Mängel der Sache.

76 Instruktiv ist der Fall, der einem Urteil vom
    24.11.1988 zugrunde liegt, vgl.

        BGH, Urt. v. 24.11.1988
        - VII ZR 222/87, BauR 1989, 414
        = ZfBR 1989, 58 = WM 1989, 414
        = MDR 1989, 441 = BB 1989, 520
        = Betrieb 1989, 1281 = NJW-RR 1989, 775
        = JuS 1989, 840.

Wenn man von einigen, eher verwirrenden Kuriositäten
absieht, ging es darum, daß ein Unternehmensberater
ein zu errichtendes Einfamilienhaus mit Büroräumen im
Keller erworben hatte. Für die Gewerberäume hatte die
Baugenehmigungsbehörde einmal die Wohnraumhöhe von
2,37 m vorgeschrieben, ferner die gewerbliche Nutzung
auf "wohnähnliche" beschränkt (u.a. keine Arbeitnehmer,
keine ganztätige Nutzung). Die Raumhöhe wäre durch Ab-
senkung des Bodens erreichbar gewesen, die "wohnähnliche" Nutzung entsprach nicht den Vorstellungen des Un-
ternehmensberaters von seinen beruflichen Aktivitäten.

Der BGH hat das als nicht nachbesserungsfähige Mängel
angesehen (bei der Raumhöhe ergab sich das aus Details
der technischen Erfordernisse) und die Wandelung durch-
greifen lassen.

77 Nutzungsbeschränkungen der fraglichen Art werden häu-
    fig verschwiegen. Sie werden wohl auch nicht immer so
    ernst genommen, wie sie es verdienen. Bei bereits er-

richteten Häusern sind sie den Erwerbern auch vielfach
gar nicht bekannt oder auch nur zugänglich. Deshalb
hat die Entscheidung eine erhebliche praktische Bedeutung. Das gilt vor allem auch für Individualverträge,
bei denen die Gewährleistung "formelhaft" - und damit
unwirksam - ausgeschlossen werden sollte (vgl. insoweit Rz. 66, 67).

78 Besondere Beachtung verdient auch, daß der VII. Zivilsenat für die fraglichen Mängel selbst dann nicht die
Gewährleistungsregelung der VOB/B gelten läßt, wenn
sie - an sich - wirksam vereinbart ist. Die dafür her-
angezogene Begründung ergibt sich aus der in Rz. 76 zitierten Entscheidung.

4.   Vorteilsausgleichung bei Nachbesserung/
      Schadensersatz

79 Der VII. Zivilsenat hat zu dieser Frage eine - ziem-
lich rigorose - Rechtsprechung, nach der die Nutzung
eines mangelhaften Werks kein auszugleichender Vorteil ist. Das kommt im Ergebnis darauf heraus, daß die
Verlängerung der Nutzungs(Abschreibungs)zeit durch
mehr oder minder spät erfolgende Nachbesserung kein
ausgleichspflichtiger Umstand ist,

>   vgl. etwa BGH, Urt. v. 17.5.1984
>   - VII ZR 169/82, BGHZ 91, 206
>   = NJW 1984, 2457 = BauR 1984, 512
>   = ZfBR 1984, 222 = MDR 1984, 833
>   = BB 1984, 2021 = Betrieb 1984, 2553
>   = WM 1984, 1187
>   = SFH § 13 Nr. 5 VOB/B (1973) Nr. 7.

80 Eine interessante Ergänzung zu dieser Rechtsprechung
bietet die Entscheidung

BGH, Urt. v. 13.3.1990
- X ZR 12/89,
noch nicht veröffentlicht.

Die Entscheidung behandelt u.a. das Verhältnis von Vorteilsausgleichung und Erfolgshaftung des Unternehmers,
speziell unter dem Gesichtspunkt, wann die mögliche
Verlängerung der Gebrauchstüchtigkeit der reparierten
Sache auszugleichen ist. Der entscheidende behandelte
Beurteilungsgesichtspunkt ergibt sich allerdings aus
bemerkenswerten Ausführungen zum Unterschied zwischen
den Kosten der Nachbesserung und dem Wert der Nachbesserung (bzw. eines Schadensersatzes). Die Entscheidung
befaßt sich einleuchtend und im Ergebnis überzeugend
damit, daß Kosten einer Nachbesserung bzw. Wiederher-
stellung bei weitem nicht als Wertsteigerung anfallen
müssen. Nur die Wertsteigerung ist - allenfalls - als
Vorteil auszugleichen.

5.   Erfüllungsgehilfen am Bau

81 Die Zuordnung zu Verschulden und Mitverschulden, die
    über die Haftung für den Erfüllungsgehilfen geregelt
    wird, macht am Bau immer wieder Schwierigkeiten. Das
    hängt zum Teil damit zusammen, daß die Zuordnung sich
    je nach Vertragsmuster ändern kann und daß sie auch je
    nach der konkreten Vertragssituation unterschiedlich
    zu beurteilen sein kann. So ist z.B. der planende und
    ausführende Architekt nach dem üblichen Grundmuster
    des Bauvertrags Erfüllungsgehilfe des Bauherrn im
    Verhältnis zum Auftragnehmer. Das gilt aber nicht für
    die Hinweispflichten des Unternehmens und es ändert
    sich völlig, wenn ein Generalunternehmer auch die
    Architektenleistungen übernimmt.

Daß Nachunternehmer Erfüllungsgehilfen des Hauptunternehmers im Verhältnis zum Bauherrn sind, hat sich inzwischen wohl weitgehend herumgesprochen. Auch daß dies
für den - brisanten - Fall der arglistigen Planabwei-
chung zu gelten hat. Insoweit sind in den letzten Jahren auch keine Annahmesachen mehr anhängig geworden.

Die neueren Entscheidungen befassen sich sämtlich mit
der Frage, in welcher Weise der Architekt Erfüllungsgehilfe des Bauherrn oder auch des Hauptunternehmers ist.

82   Ist die Planung nach der vertraglichen Aufgabenvertei-
lung Sache des Bauherrn, dann ist der Architekt hinsichtlich Planungsfehlern im Verhältnis zum Unternehmer Erfüllungsgehilfe des Bauherrn,

>   BGH, Urt. v. 22.3.1984
>   - VII ZR 50/82, NJW 1984, 1676
>   = WM 1984, 774 = ZIP 1984, 713
>   = BauR 1984, 395 = ZfBR 1984, 173
>   = JuS 1984, 808 (Emmerich)
>   = BGHZ 90, 344 (teilweise)
>   = BB 1984, 1703 = Betrieb 1984, 1720
>   = SFH § 13 Nr. 5 VOB/B (1973) Nr. 5.

Das wird man von allen Sonderprojektanten annehmen müssen, so ihre Leistungen dem Unternehmer von der Bauher-
renseite zur Verfügung gestellt werden.

83   Im Verhältnis zwischen Hauptabnehmer und Subunterneh-
mer setzt sich das in der Weise fort, daß der Bauherr
und sein Architekt hinsichtlich der Planungsvorgaben
auch Erfüllungsgehilfen des Hauptunternehmers sein können,

>   BGH, Urt. v. 23.10.1986
>   - VII ZR 267/85 = BauR 1987, 86
>   = ZfBR 1987, 34 = WM 1987, 243
>   = BB 1987, 155 = NJW 1987, 644
>   = SFH § 633 BGB Nr. 59.

84 Es verdient vielleicht einen Hinweis, daß diese Aussagen natürlich nur für den Normalfall passen. Übernimmt
z.B. ein Generalunternehmer auch Architekten- oder Statikerleistungen oder sonstige Planungsaufgaben, dann
sind der Architekt usw. seine Erfüllungsgehilfen im
Verhältnis zum Bauherrn, natürlich auch im Verhältnis
zu Nachunternehmern.

85 Der umgekehrte Gedankengang, daß nämlich - natürlich -
das fehlende Verschulden des Erfüllungsgehilfen den
Vertragspartner selbst nicht von seinem eigenen entla-
stet, erscheint zunächst einigermaßen banal und zwei-
felsfrei; da die gegenteilige Annahme, nämlich fehlendes (oder geringes) Planungsverschulden des Architekten entlaste den uneinsichtigen Bauherrn, bzw. die Vor-
stellung, ein beschränkter Kalkulator könne die Hin-
weispflicht des (potentiell weniger beschränkten) Unternehmers einschränken, immerhin bis in die Revision
geführt hat, also ernsthaft in den betreffenden Prozes-
sen vorgetragen und z.T. auch akzeptiert worden ist,
rechtfertigt wohl doch den Hinweis, daß das anders zu
sehen ist: Natürlich kann fehlendes Verschulden des Erfüllungsgehilfen eigenes Verschulden des Vertragspartners nicht beeinträchtigen;

> so für den Architekten
> BGH, Urt. v. 22.3.1984
> - VII ZR 50/82, aaO (Rz. 82)
>
> und für den Kalkulator
> BGH, Urt. v. 25.6.1987
> - VII ZR 107/86, BauR 1987, 683
> = ZfBR 1987, 237 = WM 1987, 1432
> = MDR 1988, 33
> = SFH § 2 Nr. 5 VOB/B (1973) Nr. 4.

86 Schließlich gilt es darauf hinzuweisen, daß der bau-
überwachende Architekt nicht Erfüllungsgehilfe des Bauherrn im Verhältnis zum planenden Architekten ist,

m.a.W. daß der Bauherr im Schadensersatzprozeß gegen den planenden Architekten sich nicht vorhalten lassen muß, sein den Bau überwachender Architekt habe die Schlamperei merken müssen;

> BGH, Urt. v. 29.9.1988
> - VII ZR 182/87 = BauR 1989, 97
> = ZfBR 1989, 24 = WM 1989, 21
> = MDR 1989, 153 = NJW-RR 1989, 86
> = SFH § 635 BGB Nr. 33.

Die Argumente passen zwanglos auch auf das umgekehrte Verhältnis. Der überwachende Architekt, wenn er geschlampt hat, wird sich also im Verhältnis zum Bauherrn nicht mit dem Schlamp des Planers herausreden können. Man wird im übrigen die Aussagen dieser Entscheidung auch auf Sonderprojektanten und Statiker ausdehnen können, und zwar in beiderlei Hinsicht.

6. **Mängelbeseitigung nach Auftragsentzug**
   (§ 4 Nr. 7, § 8 Nr. 3 VOB/B)

87 Obwohl die Fragestellung in der Rechtsprechung des BGH wie auch im Schrifttum so gut wie einhellig beurteilt wird, ergeben sich bei dieser Fallgestaltung immer wieder Probleme. Offenbar fördern emotionale Spannungen und das gestörte Vertrauensverhältnis, wie sie in der Regel einem Auftragsentzug zugrunde liegen werden, die Neigung zu übereilten und unbedachten Schritten, dies vor allem auch bei nachgeordneten und juristisch nicht hinreichend kompetenten Bediensteten des Auftraggebers. Es mag auch sein, daß diese Bediensteten die prozessualen Risiken, bei Beurteilung und Nachweis der Abgrenzbarkeit für den Fall des Teilentzugs erheblich zu unterschätzen geneigt sind.

Jedenfalls sind Fehler, die in diesem Bereich gemacht
werden, später kaum mehr zu bereinigen. Sie können
sehr teuer werden.

88 Da die Sache auch in - nicht angenommenen - Revisionen
immer wieder eine Rolle spielt, soll sie hier noch einmal dargestellt werden. Eine zusammenfassende Darstellung der Rechtsprechung des VII. Zivilsenats und des
Schrifttums findet sich in der Entscheidung

>BGH, Urt. v. 15.5.1986
>- VII ZR 176/86, BB 1986, 1604
>= WM 1986, 1159 = MDR 1987, 48
>= JZ 1986, 1071 = Betrieb 1986, 1075
>= BauR 1986, 573 = ZfBR 1986, 226
>= SFH § 4 Nr. 7 VOB/B (1973) Nr. 3.

Danach ist der "Weg über" § 4 Nr. 7, § 8 Nr. 3 VOB/B
eine abschließende und in diesem Sinne für den VOB-Vertrag zwingende Sonderregelung mit dem Charakter eines
vertraglichen Verfahrens, dessen Nichteinhaltung zum
Rechtsverlust führt,

>s. hierzu auch BGH, Urt. v. 8.10.1987
>- VII ZR 45/87 = BauR 1988, 82
>= ZfBR 1988, 38 = MDR 1988, 309
>= Betrieb 1988, 282 = WM 1988, 197
>= NJW-RR 1988, 208
>= SFH § 8 VOB/B (1973) Nr. 12.

89 (1)   Der erste und (fast vgl. 4) uneingeschränkt
gültige Grundsatz lautet, Kosten der Fremdnachbesserung (einschließlich Vorschuß) kann der Auftraggeber
nur verlangen, wenn er zuvor den Auftrag entzogen hat.

(2)   Teilentziehung des Auftrags ist zulässig, aber
nur hinsichtlich hinreichend abgrenzbarer Teile des
Auftrags. Als Anhaltspunkt für die Abgrenzbarkeit kann
herangezogen werden, ob hinsichtlich des entzogenen

Teils der Regelungsgedanke verwirklicht werden kann, die Vermischung von Leistung und Fremdnachbesserung zu vermeiden; das heißt im Klartext: wenn es nachher zu einem einigermaßen substantiierten Streit hierüber kommen kann, dann war die Abgrenzbarkeit nicht gegeben.

(3)   Die Ausnahmen von der Einhaltung des "vollständigen Wegs" von § 4 Nr. 3 VOB/B betreffen nur die Voraussetzungen einer Entziehung des Auftrags, nicht den Grundsatz 1. Diese Ausnahmen sind ernsthafte und endgültige Verweigerung der Nachbesserung durch den Auftraggeber. In diesen beiden Fällen ist die Fristsetzung zur Mängelbeseitigung entbehrlich, nicht etwa die Auftragsentziehung. Das wird immer wieder falsch gemacht.

(4)   Die einzige Ausnahme vom "Weg über § 4 Nr. 7, § 8 Nr. 3 VOB/B" ist das Einverständnis des Auftragnehmers mit der Fremdnachbesserung. An dessen Vorliegen und Nachweis stellt der BGH aber strenge Anforderungen.

90   Ist er "den vorgeschriebenen Weg über" gegangen, so kann der Auftraggeber natürlich auch Vorschuß auf die Fremdnachbesserung, also auf die voraussichtlichen Mängelbeseitigungskosten verlangen.

> BGH, Urt. v. 20.4.1989
> - VII ZR 80/88, ZIP 1989, 1254
> = BauR 1989, 462 = ZfBR 1989, 213
> = MDR 1989, 904 = Betrieb 1989, 2066
> = WM 1989, 1254 = NJW-RR 1989, 849.

91   Auch bei der Kündigung nach § 8 Nr. 3 VOB/B bleibt der Auftragnehmer zur Nachbesserung seines (Teil)Werks berechtigt und verpflichtet. Das gilt vor allem auch für mißglückte Kündigungen nach § 8 Nr. 3, bei denen eine nach § 8 Nr. 1 VOB/B übrigbleibt,

vgl. BGH, Urt. v. 25.6.1987
- VII ZR 251/86, NJW 1988, 140
= BauR 1987, 689 = ZfBR 1987, 238, 271
= MDR 1988, 44 = Betrieb 1987, 2093
= WM 1987, 1434
= SFH § 8 VOB/B (1973) Nr. 11.

Das bedeutet vor allem auch, daß die Mängel nicht als
Rechnungsposten in die Gesamtabrechnung eingestellt
werden können, solange der Auftragnehmer noch nachbes-
sern darf;

BGH, Urt. v. 25.6.1987 - wie vorstehend.

7.   Verjährung: Arbeiten "bei Bauwerken"

a)   Grundsätzliches

92 Die Tendenz der Rechtsprechung des VII. Zivilsenats zu
    dieser Frage, genau genommen also zum Anwendungsbe-
    reich der langen Verjährung des § 638 Abs. 1 BGB, muß
    im Zusammenhang mit der ausgesprochen restriktiven Pra-
    xis bezüglich vertraglich verkürzter Verjährungsfristen
    sowie im Zusammenhang mit einer gewissen Tendenz zur
    Harmonisierung der Verjährungsfristen "am Bau" gesehen
    werden. Sie hat auch Berührungspunkte zu Entscheidun-
    gen, in denen einer Verkäufer- oder Lieferantenmentali-
    tät von Zulieferbetrieben gegengehalten wird. In diese
    Tendenz fügen sich zwei ganz neue Entscheidung zu die-
    ser Frage ein ("Einbauküche" und "Wasserfilter").

b)   "Einbauküche"

93 Die Entscheidung "Einbauküche" behandelt die Liefe-
    rung (!) und den Einbau einer Einbauküche, die den

räumlichen Bedingungen eines bestimmten Gebäudes ent-
sprechend geplant und eingepaßt wird, insgesamt als Arbeiten "bei Bauwerken". Das gilt auch für die gelieferten Teile von Serienmöbeln und unabhängig davon, ob
die Küche (wie in der Regel wohl nicht) wesentlicher
Bestandteil des Gebäudes wird;

> BGH, Urt. v. 15.2.1990
> - VII ZR 175/89,
> noch nicht veröffentlicht.

Zur Zubehöreigenschaft einer solchen Küche - die Frage
hat keine unmittelbaren Berührungspunkte mit der vor-
stehenden Entscheidung - vgl. jetzt auch

> BGH, Urt. v. 1.2.1990
> - IX ZR 110/89,
> noch nicht veröffentlicht.

c)   "Wasserfilter"

94 Im zweiten, in seiner Tragweite wesentlich gewichtige-
ren, Fall "Wasserfilter" ging es um die Beschichtungsarbeiten für verschiedene Wasserfilter, die in ge-
meindlichen Schwimmbädern eingebaut werden sollten.
Die Filter waren von einem Nachunternehmer für die einzelnen Bauvorhaben individuell gefertigt worden. Die
Beschichtungsarbeiten hatte der Nachunternehmer einem
Nach-Nachunternehmer überlassen. Dieser hatte mangelhaft gearbeitet.

Nach der Entscheidung sind - auch - die Beschichtungsarbeiten, die nicht am Bau sondern vor dem Einbau in
dem Betrieb des Nach-Nachunternehmers vorgenommen worden waren, "Arbeiten bei Bauwerken". Man wird dieser
Entscheidung sicher auch entnehmen können, daß noch

größere Entfernung vom eigentlichen Einbau - wie sie
etwa bei einem Nach-Nach-Nach(usw.)unternehmer gegeben
ist - die Anwendung dieser Rechtsprechung nicht hin-
dert,

> BGH, Urt. v. 26.4.1990
> - VII ZR 345/88,
> noch nicht veröffentlicht.

95 Danach ist freilich zur Bejahung des Tatbestandsmerk-
mals "Arbeiten bei Bauwerken" erforderlich, daß Leistungen für ein individualisierbares Bauwerk erbracht
werden, sie also objektiv und eindeutig einem bestimmten Bauwerk zugeordnet werden können. Das entspricht
schon in früheren Entscheidungen formulierten Grundsät-
zen, vgl.

> BGH, Urt. v. 12.10.1978
> - VII ZR 220/77, BGHZ 72, 206
> = NJW 1979, 158 = BauR 1979, 54
> = ZfBR 1979, 28 = MDR 1979, 220
> = JZ 1979, 66 = BB 1978, 1640
> = Betrieb 1978, 2469 = WM 1978, 1353,

> BGH, Urt. v. 27.3.1980
> - VII ZR 44/79, NJW 1980, 2081
> = BauR 1980, 355 = ZfBR 1980, 190
> = BB 1980, 1240 = Betrieb 1980, 1693
> = WM 1980, 874 = MDR 1980, 748
> = SFH § 638 BGB Nr. 14.

Aus dieser Rechtsprechung folgt im Ergebnis das Erfor-
dernis einer objektiven Zuordnungsmöglichkeit zu einem
bestimmten Bauwerk nach quasi-sachenrechtlichen Kriterien.

d)   Entwicklung, offene Fragen

96 Offen ist die hinsichtlich des Anwendungsbereichs dieser Rechtsprechung außerordentlich bedeutsame Frage,

ob neben dem objektiven Element der Zuordnung zu einem
bestimmten Bauwerk auch die Kenntnis des Lieferanten
(sei es als positive Kenntnis, sei es als bloße Erkenn-
barkeit), also ein subjektives Zuordnungselement, nötig ist. Das war bisher, weil jeweils positive Kenntnis gegeben war, nicht zu entscheiden. Sollte der BGH
die subjektive Zuordnung nicht für erforderlich hal-
ten, hätte das für bestimmte Zulieferbetriebe, deren
Produkte häufig für bestimmte Bauwerke bestellt und
hergestellt werden (objektive Zuordnung), ohne daß ih-
nen bekannt sein kann für welche, ganz erhebliche Bedeutung. Es geht dabei vor allem um Fälle, in denen
Normteile (z.B. Türen, Fenster, Heizkörper) bestellt
und "im Vollzug" der Bestellung, also individuell zure-
chenbar, produziert oder behandelt werden. Das kommt
zum Beispiel infrage, wenn wegen der Größe des Vorha-
bens oder wegen irgendwelcher Spezifikationen eine Lieferung "ab Lager" nicht möglich ist. Daß der Gesichtspunkt "Normteil" nicht zur Verneinung der Voraussetzungen führt, ergibt sich schon aus der zitierten Einbau-
küchenentscheidung.

8.   Zur "Produkthaftung" des Werkunternehmers

a)   Grundlegende Entscheidung

97 Nachdem der BGH in einer eher wenig beachteten Entscheidung,

        BGH, Urt. v. 28.10.1986
        - VI ZR 254/85, VersR 1987, 159
        = WM 1987, 241 = NJW 1987, 1013
        = JZ 1987, 423 = MDR 1987, 305
        = ZfBR 1987, 75 = BB 1987, 296
        = Betrieb 1987, 1249

den Architekten für seine Planungs- und Überwachungs-
fehler deliktisch (Verletzung des Eigentums, § 823
Abs. 1 BGB) haftbar gemacht hatte (im konkreten Fall
für Feuchtigkeitsschäden an eingebrachten Sachen des
Mieters, hier Möbeln), war eigentlich abzusehen, daß
auch eine entsprechende Verantwortlichkeit des Bauunternehmers für Folgen von Baumängeln infrage kommen
könnte. So hat der Bundesgerichtshof inzwischen denn
auch entschieden,

> BGH, Urt. v. 13.2.1990
> - VI ZR 354/88, noch nicht
> veröffentlicht, zur Veröffentlichung
> bestimmt (die wesentlichen Gedanken-
> gänge sind hier mitgeteilt).

98 Die Entscheidung vom 13.2.1990 verneint vertragliche
Schadensersatzansprüche des Mieters gegen den Bauunternehmer aus Schutzwirkung des Werkvertrags. Sie läßt offen, ob eine solche Schutzwirkung etwa gegenüber Fami-
lienangehörigen des Bauherrn anzunehmen sein könnte,
wenn ein Familienheim zu errichten war.

Was die deliktische Haftung angeht, so sollen die beiden Entscheidungen, die man wegen sachlicher Verwandt-
schaft der Fragestellung und wegen der Bezugnahmen am
besten gemeinsam auswertet, nach den Gesichtspunkten

-    dogmatische Einordnung
-    Haftungsvoraussetzungen
-    Haftungsumfang und
-    Haftungsvermeidung (-abwendung)

hier kurz untersucht werden.

b)   Dogmatische Einordnung

99   Der BGH wendet auf die Werkleistungen sowohl des Architekten wie des Bauunternehmers deliktsrechtlich die
Grundsätze an, die für die Herstellung und den Ver-
trieb von Produkten gelten, die zur Abwendung bestimmter Gefahren in Verkehr gebracht werden, in dieser
Funktion aber untauglich sind,

> grundlegend hierzu
> BGH, Urt. v. 17.3.1981
> - VI ZR 286/78 (Rz. 107);
>
> BGH, Urt. v. 17.3.1981
> - VI ZR 191/79 (Rz. 107) und
>
> BGH, Urt. v. 18.9.1984
> - VI ZR 51/83 (Rz. 106).

M.a.W.: Das Gebäude ist ein Produkt zum Schutz vor Gefahren. Wer dieses Produkt so erstellt, daß es den be-
rechtigten Erwartungen an seine Schutzfunktion nicht
gerecht wird, hat für die dadurch entstandenen Schäden
an absolut geschützten Rechtsgütern einzustehen.

c)   Haftungsvoraussetzungen

100 Die Haftung wird ausgelöst durch die vorwerfbar mangelhafte Errichtung von Bauwerken mit der Folge, daß das
Bauwerk nicht den erwarteten Schutz vor Gefahren für
Leben, Gesundheit und Eigentum bietet, etwa gegen Wit-
terung oder gegen eindringende Feuchtigkeit.

Es geht dabei um die Gefahren, zu deren Abwehr das Gebäude bestimmungsgemäß errichtet ist. Die Haftung
knüpft also an das Vertrauen der Nutzer in den Schutz
des Gebäudes an. Die Zurechnung zur Verantwortlichkeit
des Bauunternehmers, wie auch des Architekten, beruht

dabei auf dem von ihm für sich in Anspruch genommenen
beruflichen Sachverstand. Soweit er damit gewissermaßen den Schutz vor Gefahren "garantiert", muß er für
Folgen einstehen, die zu verhindern er "versprochen"
hat.

Dabei geht es, wie die Entscheidung vom 28.10.1986 her-
vorhebt, in erster Linie um verborgene Gefahren des
Bauwerks für Gesundheit und Eigentum der Benutzer. Be-
kannte Gefahren sind aber in den Schutz einbezogen, solange ihre Eigenart oder ihre Quelle noch nicht erkennbar und deshalb ein ausreichender Selbstschutz nicht
möglich ist.

In diesem Rahmen wird die deliktische Verantwortlichkeit zunächst einmal begrenzt durch die faktischen und
rechtlichen Einflußmöglichkeiten, wie sie sich aus der
beruflichen Zuständigkeit für das Bauwerk ergeben.

Auch beschränkt die erkennbare Zweckbestimmung des Gebäudes Art und Maß des Vertrauens, das man in seinen
Schutz haben darf.

Schließlich ergibt sich eine Grenze aus dem - erkennba-
ren - technischen Zuschnitt (z.B. Billigstbauweise).

Diese drei Gesichtspunkte sind in den hier dargestellten Entscheidungen genannt. Es sind aber durchaus auch
andere objektive Umstände denkbar, aus denen sich
Schranken für die Schutzwürdigkeit des Vertrauens der
Nutzer ergeben können.

d)   Haftungsumfang

101   Gehaftet wird, so formulieren es die dargestellten Ent-
      scheidungen, für das Integritätsinteresse, nicht für
      das Äquivalenz- oder Nutzungsinteresse. Das heißt im
      Ergebnis, daß nur Schäden zu ersetzen sind, die an ab-
      solut geschützten Rechtsgütern, infrage kommen nach
      Sachlage nur Leben, Gesundheit und Eigentum, die vom
      Gebäude (und wohl auch vom Grundstück) unabhängig sind.
      Im wesentlichen sind das als Eigentum die vom Bauherrn
      oder vom Mieter eingebrachten Sachen. Bei den Schäden
      geht es wohl hauptsächlich, wie auch in den beiden Ent-
      scheidungen, um Regen und Grundwasser, immerhin, Schä-
      den aus unzureichender Abstimmung von Isolierung und
      Lüftung, Kälteschäden wegen unzureichender Isolierung
      oder Abdichtung und Ähnliches, sind auch als ersatzfä-
      hige Schäden denkbar.

      Berührung zur Vertragsordnung besteht bei diesen Schä-
      den insofern, als es sich um ersatzfähige Mangelfolge-
      schäden handeln kann; instruktiv für mögliche Berührun-
      gen ist etwa die Entscheidung

            BGH, Urt. v. 20.12.1984
            - VII ZR 340/83, ZIP 1985, 623
            = MDR 1985, 569 = BB 1985, 884
            = Betrieb 1985, 1388 = WM 1985, 522
            = BauR 1985, 317 = ZfBR 1985, 173.

102   Das vorrangig und auf das Deliktsrecht "übergreifend"
      durch die Vertragsordnung geschützte Nutzungs- bzw.
      Äquivalenzinteresse besteht im wesentlichen in der Ab-
      weichung des Gebäudes von der vertraglich geschuldeten
      Beschaffenheit einschließlich der unmittelbaren Folgen
      der Mangelhaftigkeit;

vgl. hierzu z.B.
BGH, Urt. v. 7.11.1985
- VII ZR 270/83, NJW 1986, 922
= BGHZ 96, 221 = BauR 1986, 211
= ZfBR 1986, 67 = WM 1986, 291
= Betrieb 1986, 530 = BB 1986, 761
= MDR 1986, 401 = JZ 1986, 397
= SFH § 13 Nr. 7 VOB/B (1973) Nr. 9.

103 Daraus, daß die deliktsrechtliche Ersatzpflicht das Nutzungsinteresse nicht abdeckt, folgt ein Weiteres: Wer nämlich das mangelhafte Bauwerk zur Verwirklichung einer unbeschränkten Nutzung trotz Kenntnis konkreter Gefahren für Gesundheit oder Eigentum nutzt, kann sich auf die deliktsrechtliche Ersatzpflicht nicht berufen, eben weil es ihm um die Verwirklichung seines Nutzungs- interesses gegangen ist.

BGH, Urt. v. 28.10.1986, aaO (Rz. 97).

Daraus wird deutlich, daß die deliktsrechtliche Haf- tung in erster Linie an verborgene Mängel anknüpft,

BGH, Urt. v. 28.10.1986, aaO (Rz. 97).

Daneben kann in solchen Fällen die Haftungsverantwor- tung aus dem Gesichtspunkt des Handelns auf eigene Ge- fahr und durch Obliegenheiten zu eigenen Schutzmaßnah- men (§ 254 BGB) beschränkt sein,

BGH, Urt. v. 28.10.1986, aaO (Rz. 97).

104 Aufschlußreich zur Frage der Abgrenzung zwischen Inte- gritätsinteresse und Äquivalenzinteresse und hilfreich auch für das Verständnis der vom VI. Zivilsenat verwen- deten Terminologie ist die Weinkorkenentscheidung

BGH, Urt. v. 21.11.1989
- VI ZR 350/88, WM 1990, 564.

Daß die gelieferten Korken schimmeln, gehört zum Vertrags-("Nutzungs-", "Äquivalenz-")interesse. Daß der Wein, so er denn selbst keinen Schaden genommen hat, wegen der geschimmelten Korken umgefüllt werden muß, um noch verkauft werden zu können, ebenfalls. Dagegen ist die "Integrität" und damit das Eigentum am Wein berührt, wenn der Wein wegen schlechter Korken schlecht (oder schlechter) wird. Die Parallelen zum Bau sind nicht schwer zu ziehen. Der - durch fehlerhafte Isolation oder Entlüftung bedingte - Schimmel an den Wänden gehört zum Äquivalenzinteresse und Umzugskosten wegen der Nachbesserung sind ebenfalls nur als Äquivalenz(= Vertrags-)interesse zu ersetzen. Dagegen ist der Schaden wegen des Schimmels an den Möbeln Integritätsinteresse.

e)   Haftungsvermeidung, Haftungsbegrenzung

105 Die Haftung besteht auch dann, wenn der Unternehmer vertraglich zur Nachbesserung nicht mehr verpflichtet ist. Das ergibt sich eindeutig aus der Entscheidung vom 13.2.1990. Diese läßt allerdings offen, ob die Einstandspflicht des Unternehmers auch dadurch entfallen kann, daß er die auf die Sicherungsfunktion seiner Leistung vertrauenden Personen unmißverständlich auf die mangelhafte Schutzwirkung hinweist.

Da die Haftung ohnehin in erster Linie bei verborgenen Gefahren ansetzt, kann es jedenfalls zweckmäßig sein, unabhängig von beabsichtigten Nachbesserungen Bauherrn und Mieter auf gefahrdrohende Mängel hinzuweisen.

f)   Folgerungen

106   Abgesehen von Maßnahmen zur Haftungsvermeidung und Haf-
      tungsabwendung (s.o. 4.) wird sich die Bauindustrie
      wohl damit vertraut machen müssen, daß nicht nur man-
      gelhaftes Material,

          vgl. hierzu BGH, Urt. v. 18.9.1984
          - VI ZR 51/83, NJW 1985, 194
          = JZ 1984, 1119 = MDR 1985, 310
          = BB 1984, 2148 = JuS 1985, 231 (Emmerich)
          = VersR 1985, 692 (Thürmann)

      sondern auch eine in der Ausführung oder Konstruktion
      fehlerhafte Werkleistung ein "Produkt" ist, für das
      deliktische Haftung infrage kommt.

107   Dabei ist es vor allem bei in der Anlage fehlerhaften
      oder gefahrträchtigen Konstruktionen (vgl. etwa die
      Fallgestaltung der Blasbachtalbrücke) durchaus nahelie-
      gend, Warn- und Beobachtungspflichten, wie sie von der
      Rechtsprechung entwickelt worden sind, auch auf die
      Werkleistung zu übertragen;

          vgl. BGH, Urt. v. 17.3.1981
          - VI ZR 286/78, BGHZ 80, 199
          = NJW 1981, 1606 = MDR 1981, 744
          = BB 1981, 1048 (hierzu 1041 Schmidt-Salzer)

          und BGH, Urt. v. 17.3.1981
          - VI ZR 191/79, BGHZ 80, 186
          = NJW 1981, 1603 = JZ 1981, 480
          = MDR 1981, 743 = BB 1981, 1045.

108   Auch wer den Fragenkomplex unternehmerisch letztlich
      nur als Frage der Betriebshaftpflichtversicherung
      sieht, wird sich im Hinblick auf die Deckungssummen
      und auf die versicherten Tatbestände aufgrund der
      Entwicklung der Rechtsprechung weitere Gedanken machen
      müssen.

Teil IV: WEG - Mängel an Wohnungseigentumsanlagen

Zur Befugnis, den Auftragnehmer/Unternehmer wegen Mängeln einer Wohnungseigentumsanlage in Anspruch zu nehmen

1.   Mängel - nur - am Sondereigentum

109 Daß der einzelne Wohnungseigentümer Mängel, die nur an
     seinem Sondereigentum bestehen, selbständig geltend ma-
     chen kann, ist klar und nicht weiter diskussionsbedürf-
     tig. Daß u.U. auch der Verwalter, etwa wenn alle oder
     viele Eigentümer in gleicher Weise betroffen sind (z.B.
     Qualitätsmängel von Parkettböden oder von Innentüren)
     in gewillkürter Prozeßstandschaft die Rechte gemeinsam
     gelten machen kann, wird man nicht ausschließen können.

2.   Mängel am gemeinschaftlichen
      Eigentum allgemein

a)   Primäre Gewährleistungsansprüche

110 Ansprüche auf Nachbesserung, Vorschuß für Fremdnachbes-
     serung und Erstattung von Fremdnachbesserungskosten
     kann der einzelne Wohnungseigentümer selbständig gel-
     tend machen,

          BGH, Urt. v. 10.3.1988
          - VII ZR 171/87, NJW 1988, 1718
          = BauR 1988, 336 = ZfBR 1988, 181
          = MDR 1988, 768 = Betrieb 1988, 1795
          = WM 1988, 948 = SFH § 633 BGB Nr. 73;

BGH, Urt. v. 10.5.1979
- VII ZR 30/78, BGHZ 74, 258
= NJW 1979, 2207 = BauR 1979, 420
= ZfBR 1979, 163 = MDR 1979, 837
= Betrieb 1979, 2271 = WM 1979, 839;

BGH, Urt. v. 4.6.1981
- VII ZR 9/80, BGHZ 81, 35
= NJW 1981, 1841 = BauR 1981, 467
= ZfBR 1981, 230 = BB 1981, 1426
= Betrieb 1981, 1920 = MDR 1982, 50
= Rpfleger 1981, 346 = SFH § 21 WEG Nr. 5.

Gleiches gilt für Ansprüche aus § 326 BGB jedenfalls
dann, wenn Leistung an den Verwalter verlangt wird.

BGH, Urt. v. 10.3.1988
- VII ZR 171, 87, aaO (Rz. 110).

Das rechtfertigt sich daraus, daß der Anspruch aus
§ 326 BGB, jedenfalls wenn an den Verwalter zu leisten
ist, letztlich für einen Erfüllungsanspruch steht.

111 Offen ist für alle diese Fallgestaltungen der Kompe-
tenzkonflikt mit einer Gemeinschaft, die selbst oder
durch den Verwalter diese Ansprüche ebenfalls gericht-
lich durchsetzen will oder sogar bereits eingeklagt
hat,

BGH, Urt. v. 10.3.1988
- VII ZR 171/87, aaO (Rz. 110).

Es gibt allerdings keine sonderlich guten Gründe, für
diesen Fall auch dem einzelnen Wohnungseigentümer eine
Klagebefugnis zuzusprechen. Zu beachten ist freilich,
daß das nur für die Klage des Verwalters oder der Gemeinschaft, nicht für irgendwelche "Schritte" oder
"Maßnahmen" gelten kann,

BGH, Urt. v. 10.3.1988
- VII ZR 171/87, aaO (Rz. 110).

b)   Sekundäre Gewährleistungsansprüche

112 Dagegen können die Wohnungseigentümer, wenn sie den
Nachbesserungsanspruch oder das Recht auf Nachbesserung verloren haben, grundsätzlich nur noch gemein-
schaftlich bestimmen, ob wegen der Mängel Minderung
oder kleiner Schadensersatz verlangt werden soll;

        BGH, Urt. v. 4.11.1982
        - VII ZR 53/82, BauR 1983, 84
        = ZfBR 1983, 17 = WM 1983, 68
        = Betrieb 1983, 444
        = NJW 1983, 453 (Anm. Weitnauer)
        = MDR 1983, 391 (Anm. Schmidt, 705)
        = DNotZ 1984, 99 = SFH § 21 WEG Nr. 6.

Das wurde zunächst für einen Fall entschieden, bei dem
es um Mängel mit Auswirkung nur auf das Gemeinschaftseigentum ging,

        BGH, Urt. v. 10.5.1979
        - VII ZR 30/78, BGHZ 74, 258
        = NJW 1979, 1650 = BauR 1979, 434
        = WM 1979, 895 = BB 1979, 1065
        = Betrieb 1979, 2368 = MDR 1979, 1650.

Es gilt aber auch für die Geltendmachung von Mängeln
am Gemeinschaftseigentum, die auf das Sondereigentum
ausstrahlen,

        BGH, Urt. v. 4.11.1983
        - VII ZR 53/82, aaO (Rz. 112).

        BGH, Urt. v. 4.6.1981
        - VII ZR 9/80, BGHZ 81, 35
        = NJW 1981, 1841 = BauR 1981, 467
        = ZfBR 1981, 239 = WM 1981, 878
        = Betrieb 1981, 1920 = BB 1981, 1426
        = MDR 1982, 50 = Rpfleger 1981, 346
        = SFH § 21 WEG Nr. 5;

BGH, Urt. v. 20.3.1986
- VII ZR 81/85, BauR 1986, 447
= ZfBR 1986, 171 = JZ 1986, 768
= Betrieb 1986, 1330 = BB 1986, 1948
= MDR 1986, 841 = SFH § 21 WEG Nr. 9.

Dabei schließt die Gemeinschaftsbezogenheit der Ansprüche die Geltendmachung durch einen einzelnen Wohnungseigentümer regelmäßig aus. Die Gemeinschaftsbezogenheit ergibt sich dabei u.a. aus der Möglichkeit einer
Wahl zwischen Minderung und Schadensersatz und aus der
Entscheidung über die Mittelverwendung, bei Mängeln
die behoben, ausgeglichen oder gemildert werden können,

BGH, Urt. v. 10.5.1979
- VII ZR 30/78, aaO (Rz. 112);

BGH, Urt. v. 20.3.1986
- VII ZR 81/85, aaO (Rz. 112);

BGH, Urt. v. 10.3.1988
- VII ZR 171/87, BauR 1988, 336
= ZfBR 1988, 181 = NJW 1988, 1718
= MDR 1988, 768 = Betrieb 1988, 1795
= WM 1988, 948 = SFH § 633 BGB Nr. 73.

113 Einen Sonderfall stellt es dar, wenn Mängel am gemeinschaftlichen Eigentum nur auf ein Sondereigentum ausstrahlen und nicht behebbar sind; Beispiel: Geruchsbe-
lästigungen aus einem Entlüftungsschacht (gemeinschaft-
liches Eigentum), die sich nur in einer einzelnen Wohnung, z.B. der im obersten Geschoß, zeigen. In diesem
Fall hat der Wertausgleich wegen des Mangels keine Gemeinschaftsbezogenheit und es gibt auch sonst keine
Gründe, dem - allein - betroffenen Wohnungseigentümer
einen selbständigen Anspruch zu versagen;

BGH, Urt. v. 15.2.1990
- VII ZR 269/88,
vgl. dazu EWiR § 634 BGB 1/90, 459 (Doerry),
zur Veröffentlichung in BGHZ bestimmt.

c)   Zusammenfassung und Wertung

114 Diese Rechtsprechung hat das Ziel, die durchaus nicht
völlig homogenen Interessen der Beteiligten angemessen gegeneinander auszugleichen. So schützt sie das
Interesse jedes einzelnen Wohnungseigentümers an der
Wert- und Substanzerhaltung der gesamten Anlage auch
gegenüber einer gleichgültig oder sonst unsachgemäß
taktierenden Mehrheit der Miteigentümer. Sie gewährlei-
stet andererseits auch, daß der einzelne Miteigentümer
keine zur Gesamtsubstanz gehörenden Werte eigennützig
abziehen kann. Sie schützt schließlich den Schuldner
vor heterogener und wiederholter Inanspruchnahme.

Teil V: Bauforderungssicherungsgesetz - GSB -

1. Verwendungspflicht und geschützter
    Personenkreis

115 Daß die Verwendungspflicht alle am Bau Beteiligten in
     gleicher Weise schützt und im Regelfall kein Rangver-
     hältnis nach Bauabschnitten besteht, hat der BGH in
     letzter Zeit mehrfach klargestellt,

>   BGH, Urt. v. 6.6.1989
>   - VI ZR 281/88, BauR 1989, 758
>   = NJW 1989, 2698 = WM 1989, 1473;
>
>   BGH, Urt. v. 19.12.1989
>   - VI ZR 311/88, WM 1990, 773.

Das war vor allem nötig zur Abgrenzung von dem Sonderfall der Entscheidung

>   BGH, Urt. v. 13.10.1987
>   - VI ZR 270/86, NJW 1988, 263
>   = Betrieb 1988, 391 = ZIP 1987, 1436
>   = WM 1987, 1457 = BauR 1988, 107
>   = ZfBR 1988, 20.

2. Geschützte Leistungen

116 Die Entscheidungen vom 26.6.1989 und vom 19.12.1989
     (jeweils aaO) befassen sich auch eingehend mit dem
     Kreis der geschützten Baugläubiger. Danach sind im Er-
     gebnis geschützt die Leistungen, die zur Herstellung
     des Gebäudes i.S.d. §§ 93, 94 BGB dienen, nicht dage-
     gen die Lieferung von sonstigen Einbauten (im Falle
     des Urteils vom 6.6.1989 u.a. Bar, Schnapsbar, Kletter-
     wand, Schränke und Kühlschrank - sämtlich in der Regel
     nicht baugeldberechtigt - im Falle vom 19.12.1989 Ein-
     bauküche, Baugeldberechtigung je nach den Umständen,

d.h. "wesentlicher Bestandteil" oder nicht). Soweit
ein Vertrag sowohl Leistungen zur Herstellung des Gebäudes (z.B. Türen, Fenster) wie andere (z.B. Schnaps-
bar für Privathaus) enthält, läßt sich die Baugeldbe-
rechtigung für die an sich nicht baugeldberechtigten
Leistungen auch nicht daraus herleiten, daß ein ein-
heitlicher Vertrag vorliegt (Urt. v. 6.6.1989, aaO).

3.   Finanzierende Bank als Nichtempfänger

117   Zum Verhältnis Baugeld/Banken ist zunächst auf die Entscheidung

> BGH, Urt. v. 17.10.1989
> - VI ZR 27/89, ZIP 1989, 1534
> = BauR 1990, 108 = WM 1990, 192

hinzuweisen, nach der die finanzierende und das Baukon-
to führende Bank nicht selbst baugeldgebunden ist und
deshalb etwa Zinsbelastungen auf das Baugeldkonto ver-
rechnen darf. Das ist aber eher ein Sonderfall und
nicht ohne weiteres verallgemeinerungsfähig. Denn nach
der Entscheidung

> BGH, Urt. v. 13.10.1987
> - VI ZR 270/86, aaO (Rz. 115)

unterliegt Baugeld nicht dem Pfandrecht nach AGB-Ban-
ken bzw. Sparkassen und ist u.U. auf Treuhandkonto zu
führen.

4.   Globalzession

118   Ob eine Globalzession, die ein Bauunternehmer mit seiner Bank vereinbart und die je nach Sachlage geeignet

sein kann, Nachunternehmern die Sicherheit des GSB zu entziehen, wegen dieser, von den Beteiligten u.U. bewußt in Kauf genommenen Wirkung sittenwidrig sein könnte, hat der VII. Zivilsenat des BGH,

BGH, Urt. v. 26.4.1990
- VII ZR, noch nicht veröffentlicht

zur Diskussion gestellt aber letztlich nicht entschieden, weil die Globalzession schon wegen Verstoßes gegen die neuere Übersicherungsrechtsprechung des BGH unwirksam war; vgl. hierzu

BGH, Urt. v. 29.11.1989
- VIII ZR 228/88, ZIP 1990, 25.